教師のための『学び合い』コミュニティのつくり方

教師同士・学校同士のつながりを高める実践

三崎 隆 編著

北大路書房

まえがき

　あなたは，日常の学校勤務で困ったことはありませんか？　困ったことがあったときのことを思い出してください。どのようにして，それを解決していましたか？

　私がまだ若い頃，勤め始めた最初の頃の公立学校では，隣の先輩のクラスの様子を見せてもらって参考にさせてもらってなんとかしようとしていました。子どもたちのほめ方や良いところの見つけ方，学級通信の書き方から保護者会の話の内容のコツまで，多種多様な'わからないこと'を何でも教えてもらっていました。第一，そのような学校での細かなことは大学では教えてくれませんでしたから。

　管理職になってからは，昼休み等で休憩できるようになっている，職員室の隣のちょっとしたスペースに足を運んで，先生方の話をよく聞いたものです。また，新採用の教員が着任した年度には，必ずその新採用の教員と一緒になって仕事ができるように経験のある教員をペアで学年部に配属させました。新採用の教員の不安や悩みを聞いてあげたり困ったことを助けてあげたりできるようにするのです。

　ところが，最近の学校ではそのような様子が見られなくなりつつある一面があるようです。学校の教員が多忙化し，保護者への対応に追われ，相互に情報交換することさえままならない状況を感じているのではないでしょうか。自分のクラス，自分の授業のことで精一杯で隣のクラスや他の教員の授業のことまで面倒を見ていられない状況にある学校もあると聞きます。

私たちはそのような自己防衛と孤立の下では，学校教育が成り立たなくなることをいろいろな場面で感じているのではないでしょうか。

　一方，あなたは，小学校を卒業して中学生になるときに不安は感じていませんでしたか？　小学校第6学年だった頃のことを思い出してください。どのようにして，それを解決していましたか？
　私が小学校6年生のときは，中学生になるのが不安で心配で仕方がなかったことを思い出します。「中学生になったら，勉強が難しくなるみたいだけど大丈夫だろうか」とか「上級生の人たちはやさしいだろうか」とか，悩んだものです。できれば，中学校になんか行きたくないと。実際，中学校に入学してみると，自分にとって部活動を通して接する3年生の人たちはとても怖い存在で，下手に声などかけられたものではありませんでした。なんと，それは自分ばかりではなく，周りの1年生も同じ思いだったそうです。
　自分たちが3年になってからは，部活動で接する1年生に対しては，公平に平等に接しようとみんなで誓いを立て，やれることは上学年だろうが下学年だろうが分け隔てなく，みんなで一緒にやりました。また，1年生に限らず，下学年の人たちに対しては，積極的にわからないことがないかどうか尋ねたり困ったことを解消できるよう助けてあげたり，一生懸命になりましたから。
　昨今，中1ギャップと呼ばれる中学校に進学したばかりの1年生が学習や生活の変化に適応できずに不登校になってしまうなどの現象が全国で増加していることが指摘されています。今振り返ってみると，私自身にも当てはまるところがあったように思います。
　また，私の勤める信州大学のある長野県のように広大な面積を数千メートルの高さの山々に四方を囲まれた地域では，小規模の小学校や中学校が多く存在しています。そのような小規模の学校が比較的多く点在する地域においては，近隣の地域内の小規模の学校同士の連携，協力体制の構築は，喫緊の課題となって来つつあります。そのようなところでは，単独での課

題解決に至るにはなかなか困難を伴う場合があり，協働的に教育実践を積み重ねていくことが重要となってきています。

　そこで，本書では二つの願いを込めてメッセージをお届けします。
　一つは，悩みを聞き合ったり善後策を協働できたりして相互のつながりを高める教員同士のコミュニティづくりをしてみませんか，という提案です。「気になる子がクラスにいて困っているんだけど，どうしたらよいのだろう」とか「クラスの中の何人かが授業についていけなくて困っているんだけど，どうしよう」という教師の悩みや心配ごとを相談できるような，教師同士で困ったときにお互いに助け合えるような同じ目的を持った，すべての教師が共有できる相互扶助ネットワークをつくってほしいという願いが込められています。
　もう一つは，中学校区レベルの小規模の学校ないしは小学校と中学校同士の協働的な取組を通して相互のつながりを高めるコミュニティづくりをしてみませんか，という提案です。「いじめられるんじゃないだろうか」とか「仲間はずれにされるんじゃないか」という子どもたちの不安や悩みを解消できるような，現代的な課題に対して地域の先生方が協働して取り組んでいき，異なる学校の子どもたち同士が相互に支え合うことのできる体制を整えてほしいという願いが込められています。
　いずれの提案のコミュニティも，『学び合い』と呼ばれる，一人も見捨てないという，とてもシンプルなものを大切にしている考え方を通して，具体的に紹介しています。

　『学び合い』と呼ばれるものは，数年前から，学校現場で注目されている，一人も見捨てないことを目指す三つの考え方です。ここで言う三つとは，子ども観，授業観，学校観です。
　いわゆる学び合いではありません。
　子ども観は，子どもたちは有能であるという考え方です。学習者観とも言い換えることができますので，学習者は有能であるという考え方である

とも言えます。

　授業観は、教師の仕事は目標の設定、評価、環境の整備を行うことで、教授（子どもから見れば学習）は子どもに任せるべきであるという考え方です。つまり、授業というのは、教えることは子どもたちに任せて、授業者は教科・領域の授業の目標を設定し、環境を整え、評価するものであるという考え方です。

　学校観は、学校は多様な人と折り合いをつけて自らの課題を達成する経験を通して、その有効性を実感し、より多くの人が自分の同僚であることを学ぶ場であるという考え方です。

　この『学び合い』の三つの考え方で一人も見捨てないことを大切にした授業をすることによって、どの教科でも子どもたちの自主的な学びが促され、子ども同士の関わり合いが活発になって、学力が向上します。その上、人間関係が改善され、コミュニケーションが豊かになります。さらには、特別な支援を必要とする子どもたちも一緒に勉強ができるようになるのです。

　この一人も見捨てないことを大切にする『学び合い』の三つの考え方に基づく授業は、次のように展開されます。

　単位時間の授業の目標を、授業の冒頭に、子どもたちにわかりやすい表現で示します。そこでは、一人も見捨てないようにみんなで助け合って、みんなが目標達成できることを求めます。

　次に、活動時間を決めて、活動を子どもたちに任せます。子どもたちは、一人も見捨てずに助け合い、目標達成に向かいます。

　そして、活動終了時刻になったら、目標達成状況をみんながわかる形で評価します。その結果を全員に還元し、一人も見捨てられずに目標達成に向かうことができたことを共有します。

　つまり、教育活動に参加する子どもたちに対して授業の目標を示し、活動を子どもたちに任せて、最後に一人も見捨てられずに目標達成ができたかどうかを全員で確認する道筋をたどります。

それでは，この『学び合い』の三つの考え方は，学校教育の授業だけにしか有効に機能しないのでしょうか？
　そんなことはありません。
　私たちは，一般社会の中で，いろいろな集団を構成し，その集団の中で目標を定めてその達成に向けてさまざまな活動をしています。先の子どもたちは，集団の構成員に当てはまりますし，授業はさまざまな活動に当てはまります。そして，学校は私たちの所属する集団に当てはまるのです。
　子ども観は，集団を構成する構成員は有能であるという考え方に換言することができます。
　授業観は，その集団のリーダーないしは長の仕事は目標の設定，評価，環境の整備を行うことで，どうやって業務を遂行していったらより効率的に目標達成が果たせるのかは構成員に任せるべきであるという考え方にすることが可能です。
　そして，学校観は，集団は多様な人と折り合いをつけて自らの課題を達成する経験を通して，その有効性を実感し，より多くの人が自分の同僚であることを学ぶ場であるという考え方であると言い換えることができます。
　つまり，一般社会の諸活動に参加する人たちに対して活動の目標を示し，活動を任せて，最後に一人も見捨てられずに目標達成ができたかどうかを全員で確認する道筋をたどればよいということに帰結します。
　そのような考え方をコミュニティづくりに当てはめることができれば，そのコミュニティを構成する基本理念が一人も見捨てないことを大切にする考え方ですから，一人も見捨てずにすべての人たちが共生できる社会を協働して実現できる人材を育成する教育の実現を果たすことが期待できます。
　それが，教師同士による『学び合い』コミュニティです。教師同士による『学び合い』コミュニティは，教師同士がお互いに一人も見捨てない文化を持ったコミュニティです。相互に学び合うコミュニティでもあります。
　この提案は，教師同士が協働できるコミュニティづくりです。

それでは，この『学び合い』の三つの考え方は，単独のクラスで実践する授業だけにしか有効に機能しないのでしょうか？
　そんなことはありません。
　上越教育大学の西川純先生は「『学び合い』ジャンプアップ」（学陽書房）で，異学年での『学び合い』や小規模の小学校と小学校との合同『学び合い』を提案し，いくつもの具体的な事例を紹介しています。
　そこでは，たとえば小学校第5学年と小学校第6学年のクラスが同じ教室で異なる教科の授業を受ける異学年の子どもたち同士による『学び合い』の考え方による授業が展開できることが示されています。
　また，小規模の小学校と近くにあるもう一つの小規模の小学校が，どちらかの小学校の校舎に集まって，合同で『学び合い』の考え方による授業を実施することが可能であることが示されています。
　それは，『学び合い』が方法や技術ではなく，考え方であることによります。考え方であるだけに，共感された時点から異なる学年や異なる学校同士が一緒に教科の授業を学ぶことができるのです。
　そのような考え方，特に後者の学校同士の合同『学び合い』の考え方は，同一中学校区内の学校の間に当てはめて考えると，幼稚園，保育所，小学校，中学校の異なる園，所，校種の学校同士が，恒常的に協働して推し進める一貫した教育活動へと発展させることができます。
　一貫した『学び合い』の考え方による教育のいちばんのメリットは，一人も見捨てないことを大切にする『学び合い』の考え方を一貫して享受することによって，一人も見捨てない文化を持つに至り，それが個人にとって当たり前となって，自ら所属する集団において当たり前のごとく，一人も見捨てない文化を周りの人たちに伝え続けることができることです。
　それが，学校同士による『学び合い』コミュニティづくりです。コミュニティを構成する基本理念が一人も見捨てないことを大切にする考え方だけに，同一中学校区内で一貫して，一人も見捨てずにすべての人たちが共生できる社会を協働して実現できる人材を育成する教育の実現を果たすことが期待できます。

それが，異なる学校同士による『学び合い』コミュニティなのです。異なる学校同士による『学び合い』コミュニティは，異なる学校にいるすべての子どもたちが一人も見捨てない文化を持ったコミュニティです。相互に学び合うコミュニティでもあります。

　この提案は，学校同士が協働できるコミュニティづくりです。学校空間で学ぶ子どもたちの学びの文脈を変えて再構築する試みの一つであるとも言えます。

　ところで，『学び合い』の考え方を享受した集団では，信じられていること（他者からの信頼）と，認められていること（他者からの承認）が，心の拠り所を創造します。

　信じられていること（他者からの信頼）と，認められていること（他者からの承認）が，競争社会の中における他者への信頼と承認の感性を醸成します。それが安心感を生み，より一層加速させることに直結するのです。

　子どもの持つ有能な力は，全員の目標達成に必要不可欠であることは，他書が語り尽くしています。子どもたちが40人いれば，40の多様な有能性の高い力が存在することになるわけです。その力を協働して発揮できる場と機会が，子どもたち自身の信頼感（自分が信じられていると実感すること）と承認感（自分が認められていると実感すること）を高めます。

　それが，他者を信じること，他者を認めることにつながります。認めてもらうことは，何よりその子どもたちの学習したり行動したりする意欲を大いに喚起し，その後の自分で考え判断し，行動を起こすきっかけを与えてあげることに直結します。

　『学び合い』の考え方（に基づいた教育活動）が，自分を信じてもらったり認めてもらったりあるいは周りのすべての人たちを信じてあげたり認めてあげたりする，相互信頼と相互承認の文化を育てる土台である，と考えています。

　所属する単独のクラスにおける『学び合い』の考え方に基づく授業実践にとどまらず，学年や学校の中で高まっていく。そして，やがて進学する

中学校の学区内のすべての小学校同士の中で『学び合い』の考え方が育まれていくことが大切で、かつ必要なことである、と考えます。

　われわれは、生活の中で経験して得た学びを糧として自己力を形成し、それを次の世代ないしは所属以外の集団や周りの他者に安心して伝えていく他者力を持っています。それが、普遍の文化を構築するのです。

　他者から信じてもらった経験を持っていない、ないしは経験の少ない子どもたちは、他者を信じることをためらいます。あるいは信じることを避けるようになります。他者から認めてもらった経験を持っていないないしは経験の少ない子どもたちは、他者を認めようとすることをためらいます。あるいは、認めることを避けるようになります。

　それゆえ、信じてもらえる文化の中で育んだ信頼観（他者から信じられることが素晴らしいととらえる考え）や承認観（自分が認められることが素晴らしいととらえる考え）は、その後、他者を信じてあげる信頼観（他者を信じることが素晴らしいととらえる考え）を育む文化と他者を認めてあげる承認観（他者を認めることが素晴らしいととらえる考え）を育む文化を形成していきます。相互信頼観と相互承認観の構築です。

　それらは、『学び合い』の考え方に基づいて行われる授業や教育活動を通して蓄積されることに代表される、様々な場面において助け合い支え合う機会を通じて協働する経験を積むことで形作られます。換言すれば、『学び合い』の考え方を持って協働する経験を積み重ねることによって、相互信頼観と相互承認観の文化を作り得ると言えます。相互信頼観と相互承認観の文化を持った集団は、子どもたちにとって実に居心地に良い空間を作り出すのです。

　ですから、『学び合い』の考え方に立てば、すべての子どもが多様で有能な力を持っている存在です。その力を目的（一人も見捨てない共生社会の実現）の実現に向けて協働させることができるのです。教師同士のコミュニティを構築したときには、その力が大いに発揮されることになります。そうやって培われた教師同士による協働力が、20年後に活躍する未来の子どもたちを育てるのです。

さあ，まず，私たち教師が一体となって教師同士のコミュニティを立ち上げ，相互に信じたり信じられたり，認めたり認められたりする相互信頼観と相互承認観に満ちた文化を創造し，その文化を子どもたちに伝承していく文脈づくりから始めましょう。

教師同士のコミュニティを通じて培われたネットワークが礎となって，それは，異なる学校間の子どもたち同士のコミュニティが創り出されていくことに直結します。そして，異なる学校同士の子どもたちが協働力を発揮すればするほど，一つの中学校を学区とする地域のすべての子どもたちが一人も見捨てられず，心の拠り所とできるコミュニティができあがります。その過程で，教師自身が享受した相互信頼観と相互承認観が子どもたちに享受されていきます。子どもたちは，誰かを信じたり認めたりする文化を当然のごとく，自分たちの文化として継承していくことでしょう。そうやって育った子どもたちが，20年後に一人も見捨てない共生社会を創り出していくのです。

本書が，学校現場で方向を見定めようとして立ち止まっている人たち，あるいは悩んだり不安を感じたりしている人たちの，コミュニティづくりへの第一歩を踏み出すきっかけやこれからの教育実践への羅針盤になり得たり，20年後を生きる一人でも多くの未来の子どもたちを励ましたり勇気づけたりできるきっかけづくりにつながったりするならば，それほど嬉しいことはありません。

2015年春
信州大学
三崎　隆

目 次

まえがき　i

▼▼▼ 第1章　『学び合い』の考え方で地域コミュニティ？　1

- ●コミュニティって何？　2
  - ●コミュニティとは　2
- ●『学び合い』って何？　4
  - ●『学び合い』って何？　4
  - ●『学び合い』は，教師がどのようにとらえるかが鍵　4
  - ●『学び合い』の授業ってどうやるの？　5
- ●『学び合い』はどんなことを大切にしているの？　6
  - ●何よりも，一人も見捨てない，一人も見捨てられないことが大切　6
  - ●みんなで助け合ってみんなが目標達成できるように　7
- ●『学び合い』ってどうやるの？　8
  - ●『学び合い』の考え方による授業はどうやるの？　8
  - ●『学び合い』の考え方を語るのには何がいちばん良い方法？　9
- ●『学び合い』でコミュニティ？　10
  - ●『学び合い』は教科の授業でなくてもできる　10
  - ●教師が集まって『学び合い』の考え方でコミュニティを　10
  - ●学校が集まって『学び合い』の考え方でコミュニティを　11
- ●『学び合い』コミュニティの効果はこんなにある！　12
  - ●教師が集まって『学び合い』の考え方でコミュニティの効果は　12
  - ●学校が集まって『学び合い』の考え方でコミュニティの効果は　13

▼▼▼ 第2章　教師同士の『学び合い』コミュニティに行こう！　17

- ●近くの『学び合い』コミュニティに行ってみよう　18
  - ●子どもたちの姿から語り合えるコミュニティに行ってみよう　18
  - ●誰一人排除されない『学び合い』コミュニティ　19

- ●『学び合い』コミュニティは現地集合，現地解散，遅れて参加もOK　20
- ●『学び合い』コミュニティはリラックスできる空間　21
- ●『学び合い』コミュニティには，いつでも誰にでも何度でも尋ねられる文化がある　22

●困っている悩みを聞いてもらいに行こう　24
- ●困って悩んでいることはありませんか？　24
- ●気になる子がいて困っていた先生の悩みも解消されます　24

●どうしたらよいか迷っている不安を解消しに行こう　26
- ●どうしたらよいか迷っていませんか？　26
- ●実践経験豊かな先生の語りを聞くことは意義あることです　26
- ●『学び合い』コミュニティの良さは一人も見捨てないところ　27

●良い実践に触れに行こう　28
- ●明日からの実践に即時的に役立てられる実践が紹介される　28

●相談相手を見つけに行こう　30
- ●フリー・トークの時間が見逃せません　30

●自分自身の課題を一つでいいから持って行こう　32
- ●課題を一つ持って参加することのすすめ　32
- ●「フリー・トーク」で課題解決へ　33

●行ってみると，アフターケアがついてくる？　34
- ●授業づくりや目標づくりを支援できます　34

[現場実践者の実践]

●『学び合い』コミュニティに生きがいを求めて　36
- ●校内での教師同士の『学び合い』コミュニティ　36
- ●退職，そして全国の『学び合い』コミュニティとのつながり　38
- ●その1《多彩な『学び合い』コミュニティ》　38
- ●その2《初めての人にやさしく，とことん討議できる運営》　39
- ●その3《『学び合い』授業参観が可能》　40
- ●その4《コミュニティの質の充実》　41
- ●まとめにかえて　42

▼▼▼ 第3章　教師同士の『学び合い』コミュニティを創ろう！　45

●アントレプレナーシップの気持ちでコミュニティを創ろう　46
- ●アントレプレナー教育から困難に対峙する力を学ぼう　46
- ●アントレプレナー教育から自分のあり方を学ぼう　46

●最初は参加者二人でもOK！日程を決めてコミュニティを創ろう　48

- ●最初は，参加者が自分ともう一人だけでもOK！ 48
- ●開く日程を考えよう 48
- ●会場を確保して参加費を決めてコミュニティを創ろう 50
  - ●会場は参加する人が集まりやすいところにしよう 50
  - ●将来の自分への積極的な投資をして 51
- ●どんな人に参加してほしいかを思い描いてコミュニティを創ろう 52
  - ●『学び合い』コミュニティを長続きさせる大切なポイントは？ 52
  - ●参加者のニーズによってグループ分けもできる 53
- ●コーディネートする役割を知ってコミュニティを創ろう 54
  - ●コーディネータの役割ってどんなもの？ 54
  - ●一緒にやりましょうと声をかけてみよう 54
- ●アイス・ブレイキングを取り入れたコミュニティを創ろう 56
  - ●アイス・ブレイキングの時間を取り入れてみては？ 56
  - ●内容は，そのときの参加者のニーズに応じて 57
- ●良い実践を聞いたり悩みを聞いてもらったりできるコミュニティを創ろう 58
  - ●実践を聞くことのできるコミュニティづくりをしよう 58
  - ●実践を聞いてもらえるコミュニティづくりをしよう 59
- ●『学び合い』の考え方の良さを体感できるコミュニティを創ろう 60
  - ●『学び合い』の考え方は，コミュニティでも当てはまる 60
  - ●『学び合い』コミュニティは多様な人と折り合いをつけて学ぶ場 61
- ●行動する自分に変身できるコミュニティを創ろう 62
  - ●『学び合い』の考え方の良さは自ら考えて行動を起こすところ 62
  - ●『学び合い』の考え方 63
- ●相談し合えるコミュニティを創るコツ 64
  - ●学校に登校できない子どもがいたときに 64
  - ●クラスの中で誰からも相手にされない子どもがいたときに 65
- ●気軽に『学び合い』の実践を試行できるコミュニティを創ろう 66
  - ●実践を聞いたら，実際にやってもらって次回に語ってもらう 66
- ●参加者の声を反映できるコミュニティを創ろう 68
  - ●参加したメンバーからの提案を次に生かそう 68
- ●一緒にやれるコミュニティを創ろう 70
  - ●参加者がウイン－ウイン（win-win）の関係 70
  - ●参加者が10人前後の少人数のとき 71
- ●良さを広報できるコミュニティを創ろう 72
  - ●何か怪しげな会のような感じがして迷ってしまう 72
- ●良さを共有できるコミュニティを創ろう 74
  - ●居心地の良さを感じる『学び合い』コミュニティにできる 74

- ●活動の充実とネットワークの強化がカギとなるコミュニティを創ろう　76
  - ●活動の中身を充実させる工夫を　76
  - ●ネットワークを強化する工夫を　77

[現場実践者の実践]
これでだいじょうぶ！さあ，コミュニティを立ち上げよう！　78
  - ●なぜ私がコミュニティを立ち上げたのか　78
  - ●まずは『学び合い』コミュニティに参加してみよう　79
  - ●次は準備会を開いてみよう　79
  - ●さあ，コミュニティの告知をしよう　79
  - ●多様な参加者が集まるコミュニティを目指そう　80
  - ●コミュニティの企画（内容）はこう考えよう　81
  - ●コミュニティ同士の連携をしよう　82

▼▼▼ 第4章　学校同士の『学び合い』コミュニティでつなげよう！　85

- ●学校現場の悩みを解消できるように『学び合い』コミュニティでつなげよう　86
  - ●日頃の悩みを解消できるコミュニティに　86
- ●組織間の協働を『学び合い』コミュニティでつなげよう　88
  - ●校内研修を推進する組織同士で協働しよう　88
  - ●中学校第1学年と小学校第6学年の学年組織間で協働しよう　89
- ●コミュニティ・スクールの発想で学校同士をつなげよう　90
  - ●各学校での共通した組織とカリキュラムや時間割の共通化がコツ　90
- ●共通の組織の下で協働できる『学び合い』コミュニティでつなげよう　92
  - ●各学校の校内研修を推進する組織に注目しましょう　92
  - ●教科指導を担当する組織に注目しましょう　93
- ●共通のテーマの下で協働できる『学び合い』コミュニティでつなげよう　94
  - ●『学び合い』コミュニティを進めるときの利点は？　94
- ●子どもたち同士を『学び合い』コミュニティでつなげよう　96
  - ●協働して継続できるものを創り上げよう　96
  - ●『学び合い』の考え方で子どもたちがつながり合う　97
- ●年に1回実践できる『学び合い』コミュニティでつなげよう　98
  - ●ある中学校区における中学校と学区内の小学校との『学び合い』　98
  - ●実際の授業の様子は？　100
- ●学期に1回実践できる『学び合い』コミュニティでつなげよう　102
  - ●学期に1回の『学び合い』コミュニティで子どもが変わる　102
- ●月に1回実践できる『学び合い』コミュニティでつなげよう　104

- ●月に1回の『学び合い』コミュニティで子どもが変わる　104
- ●週に1回実践できる『学び合い』コミュニティでつなげよう　106
  - ●日常的な教育活動で週に1回の『学び合い』コミュニティを　106
- ●幼稚園，保育園，小学校，中学校を『学び合い』コミュニティでつなげよう　108
  - ●全校生徒17名の中学校での全校体育の実践を振り返ってみると　108
  - ●幼稚園，保育園，小学校，中学校を『学び合い』一貫教育で　109
  - ●一貫して『学び合い』の考え方を持つことが一人も見捨てない共生社会を創る　110

[現場実践者の実践]

『学び合い』コミュニティ創出への挑戦～小布施町幼保小中学校一貫教育の取組～　112

- ●小布施町をご存知ですか　112
- ●『学び合い』との出会い　112
- ●『学び合い』を中核に据えたグランドデザイン作成へ　114
- ●幼保小中学校の連携を深めるための組織づくり　116
- ●幼保小中学校の全職員が集まり『学び合い』の共通理解を　117
- ●三崎先生による出前授業を通しての研修会〈栗ガ丘小学校〉　118
- ●三崎先生による出前授業を通しての研修会〈小布施中学校〉　121
- ●校長講話で『学び合い』のよさを全校児童に語りかける　125
- ●栗ガ丘小学校のこれからの構想　128
- ●『学び合い』コミュニティの創出に向けて　130

あとがき　131

第 1 章

『学び合い』の考え方で
地域コミュニティ？

コミュニティって何？

コミュニティとは

　コミュニティとは何でしょうか。近年，よく聞く言葉ですが，最初にその定義から見ていきましょう。

　語源は，「誰でも（everyone）」を意味するkomと「交換（exchange）」を意味するmoinが「すべての人が共有する（shared by all）」という意味で一緒になったもので，元来は，共有されている資源（リソース）によって定義づけられる場所を意味します[※1]。

　コミュニティの概念は，一般に「コミュニティ＝人間が，それに対して何らかの帰属意識を持ち，かつその構成メンバーの間に一定の連帯ないし相互扶助（支え合い）の意識が働いているような集団」[※2]としてとらえられています。コミュニティを構成する人たちが，コミュニティに対して一定の帰属意識を持っていて，その人たちの間に支え合う文化が生まれている集団を指していると言えます。

　2007年に出された総務省のコミュニティ研究会の報告書では，コミュニティを，「（生活地域，特定の目標，特定の趣味など）何らかの共通の属性及び仲間意識を持ち，相互にコミュニケーションを行っているような集団（人々や団体）」[※3]としています。その中でも，共通の生活地域（通学地域，勤務地域を含む）の集団によるコミュニティは地域コミュニティと呼ばれています。さらに地域コミュニティの中にも，明確な特定の目的を持っているもの（消防団等々）と，地域内の諸事項に幅広く関わるもの（町

内会，子ども会，等々）とがあるとされています。

　地域性を特に持たないのですが，特定の目的を持っているコミュニティもあります。たとえば，スポーツクラブや語学サークルなどがそれに当てはまります。『学び合い』の考え方に共感する，志を同じにする人たちの全国の集まりを『学び合い』とすれば，広い意味でコミュニティと呼んでも差し支えないでしょう。

　一方，学校や園への参加を通じて新たに創られるコミュニティがあります。それは教育コミュニティと呼ばれることがあります[※4]。子どもたちの教育という目標を共通にした属性として，地域での仲間意識を醸成して支え合う文化を持った集団であると言えるでしょう。

　教育コミュニティは，学校や園を中心にして，それを地域（校区）における教育の中核として位置づけた上で，学校や園と地域との交流を活性化しているものです。校区という共通の通学区域の下での，子どもたちの教育という明確な共通の視点を持った地域コミュニティと言えます。

　その意味では，共通の勤務地域において，『学び合い』の考え方による一人も見捨てない教育という明確な共通の視点を共有した文化を推進する集団（学校ないしは教員の集まり）を，地域コミュニティとしてとらえることができます。

　本書では，この『学び合い』の考え方を共通の目的とする地域コミュニティを，『学び合い』コミュニティと呼ぶことにします。

【注】
※1　ピーター・M・センゲ他，リヒテルズ直子訳：「学習する学校」，p.700，英治出版，2014.
※2　広井良典：「コミュニティを問いなおす―つながり・都市・日本社会の未来―」，11，筑摩書房，2009.
※3　総務省：地域コミュニティの現状と課題，http://warp.ndl.go.jp/info:ndljp/pid/3196220 /www.soumu.go.jp/main_sosiki/kenkyu/community/pdf/070207_1_sa.pdf，2007（2014.2.1）.（コミュニティ研究会第1回参考資料から）
※4　中田実・山崎丈夫：「地域コミュニティ最前線」，p.180，自治体研究社，2010.

『学び合い』って何？

❀ 『学び合い』って何？

　『学び合い』とは，授業の方法論や技術論ではなく，考え方です。その考え方には三つあります。

　一つは子ども観です。子どもたちは有能であるという考え方です。

　一つは授業観です。教師の仕事は，目標の設定，評価，環境の整備を行うことで，教授（子どもから見れば学習）は子どもに任せるべきであるという考え方です。つまり，授業というのは，教えることは子どもたちに任せて，授業者は教科・領域の授業の目標を設定し，環境を整え，評価するものであるという考え方です。

　そしてもう一つは，学校観です。学校は，多様な人と折り合いをつけて自らの課題を達成する経験を通して，その有効性を実感し，より多くの人が自分の同僚であることを学ぶ場であるという考え方です。

❀ 『学び合い』は，教師がどのようにとらえるかが鍵

　したがって，大切なことは，教師自身が子どもたちをどのようにとらえるか，教師自身が授業をどのようにとらえるか，そして教師自身が学校をどのようにとらえるかが鍵となります。

　つまり，教師自身が，子どもたちは有能なのだと信じること，授業は教える場ではなく目標を設定し環境を整え評価する場なのだととらえて子どもたちに活動を任せること，学校は多様な人と折り合いをつけて自らの課

題を達成する経験を通して、その有効性を実感し、より多くの人が自分の同僚であることを学ぶ場なのだと信じることです。

『学び合い』の授業ってどうやるの？

『学び合い』の三つの考え方に共感することができたら、実際の『学び合い』の考え方による授業に挑戦です。

実際の授業では、その単位時間の授業の目標を最初に示します。たとえば、「全員が、おもりの重さ、ふりこの振れ幅、ふりこの長さのどれか1つの条件を選んで、それがふりこの1往復する時間に関係しているかどうかについて、説明することができる。」といった具合です。

次に、活動時間を決めて、「時分まで、歩き回ったり、話し合ったりしてOKです。どこに行っても誰と話してもOKです。自分から行動して、困ったら他の人に助けてもらったり、困っている人がいたら助けてあげたりして、全員が目標を達成できるようにしましょう。さあ、それでは始めましょう。」と子どもたちに任せます。また、目標を達成する上で、子どもたち自身が自由に選ぶことができるような教材や資料を用意して並べておきます。

子どもたちの活動中は、子どもたちの活動の様子が全員にわかるように可視化したり、活動の残り時間をみんなにわかるように確認したりします。

最後に、活動終了の時刻となったら活動を終了して、全員が目標を達成したかどうかをみんながわかる形で評価します。その結果を、全員に還元し、成果と課題を共有します。このようにして授業が終わります。

『学び合い』は
どんなことを大切にしているの？

● 何よりも、一人も見捨てない、一人も見捨てられないことが大切

　『学び合い』は、一人も見捨てない、一人も見捨てられない共生社会の実現を目指しています。ですから、『学び合い』でいちばん大切にすることは、集団の中で一人も見捨てないで、全員が目標を達成するということです。

　この一人も見捨てないということを、ただ何気なく表現するだけでなく、本気になって具体的な場面を通じて一貫して求めることが『学び合い』のいちばん大切なポイントとなります。

　集団の中で、ほとんどの人が目標を達成したとしても、それで満足していてはダメなのです。「なぜ、全員ができなかったのか」を求めるのです。一人でも見捨てる集団や一人でも見捨てられる集団は、次に二人目、三人目が見捨てられることになり、やがては崩壊してしまいかねません。次は自分かもしれません。そんな集団の中に、ずっと居続けたいでしょうか？

　授業のときだけではありません。給食のときも掃除のときも、いろいろなときに、一人も見捨てないことがいちばん大切であることを、一貫して本気になって、子どもたちに対して繰り返し語り続けます。そのような語りや表情、そして行動に出て来る本気なんだぞという様子が、子どもたちに伝わって、子どもたちが確実に変化し、様々な点において成果が現れてきます。

🌼 みんなで助け合ってみんなが目標達成できるように

　そのために，授業では，「みんなが目標達成できるようにやろう」と子どもたちを促します。「みんなが目標達成できる」ためには，自分だけが目標を達成しただけではダメだということを知るようになります。そうなると，全員が目標達成できるようになるためにはどうしたらよいのかを自分で考えて行動するようになります。

　自分が困るときもあるでしょう。そんなときは，まず自分がなんとかしないことには，「みんなが目標達成できる」ようにはなりません。困ったそのときに，周りの誰かに「教えてよ」と言って助けを求めるようになります。

　自分はあまり困らなかったけど，周りの人が困っているようだというときもあるでしょう。そんなときは，なんとかしてあげないことには「みんなが目標達成できる」にはならないなあと思うようになります。そうなると，周りで困っている人がいたら，自分から進んで「大丈夫？　何か自分にできることはある？」と助けの手をさしのべてあげようとします。

　「みんなが目標達成できる」ためには，誰がどこまで到達しているのか，誰がどこでつまずいて困っているのかを知らないことには仕方がないということを知るようになります。子どもたちは盛んに動き回り，周りの状況を知り，たくさんコミュニケーションをとるようになって，全員が目標を達成することを目指すのです。

　それを子どもたちに促す上で，「みんなが目標達成できる」ことはとても大切なキー・ワードとなるのです。

　授業のとき，先生が子どもたちに対してその時間内で達成すべき目標を与え，その目標を「一人も見捨てず」「クラス全員が達成する」ことを求めます。それが，「みんなが目標達成できる」に現れているのです。

『学び合い』ってどうやるの？

『学び合い』の考え方による授業はどうやるの？

『学び合い』は，先にも書いたとおり，次のようにして授業が行われます。

(1) その授業の目標を全員にわかるように示します。
(2) 時間を決めて，子どもたちに任せます。このときに大事なことが2つあります。一つは，歩き回ったり，話し合ったりしてOKだということ，どこに行っても誰と話してもOKだということを語ることです。もう一つは，子どもたちが自由に選択しながら活動できるような教材，資料等を用意しておくことです。これが，学習できる環境を整えることなのです。
(3) 全員が目標を達成できたかどうかを評価して，その結果を全員に還元します。

こうやって書くと簡単そうに見えますが，このときに大切なことは，『学び合い』の三つの考え方をどうやって語るかということです。『学び合い』は考え方ですが，それを伝える方法が必要です。方法には

① 先生が『学び合い』の考え方に共感していることを伝える方法
② 子どもたちに『学び合い』の考え方に共感させたいことを伝える方法

の二つがあります。

『学び合い』の考え方を語るのには何がいちばん良い方法？

　『学び合い』は考え方ですから、その考え方に教師が共感できたら、その共感できた考え方で授業をするぞ、という意気込みを子どもたちに伝えます。それが、考え方に共感したぞ、ということを伝える方法です。
その方法には、これがベターであるという画一的なものはありません。共感できた先生がその先生自身の言葉で伝えることがベターです。その先生が本気でやろうとしているかどうかが問われるからです。ですから、誰かの語りをそっくりまねしてもうまくいくかどうかは、その先生の本気度次第なのです。本気で共感しているならうまくいきますし、ただテクニックだけをまねしているようでは、失敗することは目に見えています。だって、子どもたちは先生の、そんな本気度ゼロの様子なんて、すぐに見破ってしまうからです。

　次に、『学び合い』の考え方を子どもたちも持ってほしい、子どもたちに『学び合い』の考え方に共感してほしいという意気込みを子どもたちに伝えます。それは、往々にして、本に書いてあるような効果が認められなくて悩んだり困ったりしているときがほとんどです。『学び合い』の考え方に先生が共感して授業を始めたとしても、『学び合い』の考え方に子どもたちが共感しなければ、教師が独り相撲を取っているだけに過ぎないからです。

　そのようなときは、実践途中での語りが必要になる瞬間です。これも、ものの本に書いてあるページをただ字面だけ棒読みしているようでは失敗することは目に見えています。だって、先にも述べたように、子どもたちは先生の、そんな本気度ゼロの様子なんて、すぐに見破ってしまうからです。

　ですから、これがいちばん、という方法はないに等しいのです。あくまでも、先生が本気になってやっているという意気込みをブレずに一貫して語り続けることしかありません。子どもたちに伝えることのできる、あなたなりの本気度全開の方法がいちばん、なのです。

『学び合い』でコミュニティ？

『学び合い』は教科の授業でなくてもできる

『学び合い』は、一人も見捨てない、一人も見捨てられない共生社会の実現を目指す三つの考え方であることは述べたとおりです。この三つの考え方を共有して教育活動を行ったときにいろいろな効果を発揮します。それは、学校の教科・領域の授業のときに大いに効果を発揮するものであることは間違いありません。しかし、それだけでしょうか？

すでに、国語や社会などのような教科・領域の授業だけでなく、学校の中での一般の教育活動においても効果を発揮することが明らかにされています。たとえば、部活動のときや清掃活動などのときです。

部活動のときでも、『学び合い』の三つの考え方を共有して、目標を設定し、みんなで目標に向かって取り組んで評価する教育活動を展開することによって、授業に現れる効果と同じ効果が現れてきます[※1]。『学び合い』の考え方で部活動に取り組んだ結果、全国大会で優勝した例もあるほどです。その効果がバツグンであることを証明するものに他なりません。

教師が集まって『学び合い』の考え方でコミュニティを

『学び合い』の考え方を共通の目標として、自分が勤務している学校のある地域で集まればコミュニティができます。そう、『学び合い』コミュニティです。『学び合い』という共有可能な特定の目的がありますから、地域コミュニティとして活動することができます。

『学び合い』は学校の授業だけにとどまっているものではありませんから，その考え方は社会一般の作業や諸活動のいろいろな場面においても有用的に活用できるものとなっています。

　私たちが何か活動を進めようとするときには，まず集まったみんなで達成すべき目標を共有することから始めます。その上で，みんなによる協働作業によって，場合によっては役割分担が必要になるかもしれませんが，目標達成を図ります。そして，達成の状況をみんなで確認し合うのです。まさに，『学び合い』の考え方による諸活動と言えます。

　そんな，『学び合い』の考え方への共感と実践を共通の目標とした地域コミュニティがあちこちにできると魅力的です。

学校が集まって『学び合い』の考え方でコミュニティを

　一方，『学び合い』の考え方を共通の目標とすると近隣の学校が集まってコミュニティを創ることもできます。小・中一貫のコミュニティ・スクールの実践は，すでに全国で数多く展開しています[※2]が，『学び合い』を共通の目的として小学校と中学校がともに学ぶ地域コミュニティができることはとても魅力です。これも，『学び合い』コミュニティです。

【注】
※1　三崎隆・五十嵐洋貴：「相撲の部活動のミーティングにおける『学び合い』の効果」，臨床教科教育学会誌，9 (2), 1-8, 2009.
※2　貝ノ瀬滋：「小・中一貫コミュニティ・スクールのつくりかた―三鷹市教育長の挑戦―」，p.125，ポプラ社，2010.

『学び合い』コミュニティの効果はこんなにある！

🎆 教師が集まって『学び合い』の考え方でコミュニティの効果は

　教師が集まって『学び合い』の考え方でコミュニティを創る『学び合い』コミュニティの効果は，次のことがあげられます。

◎一人ではなくなる

　一人も見捨てない教育に取り組んでいる人たちの集まりであるだけに，コミュニティへの参加者自身も一人も見捨てないことを大切にしています。ですから，参加してみると実感できますが，誰からも話しかけられますし，コミュニケーションが途切れることがありません。その場にいると，自分が一人でないことがよく実感できます。

　排除されていない実感を持つことができる点は何よりの効果として如実に表れてきます。

◎悩みが解消される

　『学び合い』をどうやったらよいのか，『学び合い』が停滞したときにはどのようにして解決したらよいのか，『学び合い』をやってはみたがどうもうまくいかない等々の悩みが尽きない場合には，多くの実践者からの適切なアドバイスや豊富な経験に基づいた語りの数々を吸収することができます。『学び合い』に取り組もうとしている，あるいは取り組み始めた人たちの悩みの解消につながります。悩みが和らぐと，学校に行って子どもたちに会うのが楽しみになってきます。

◎**自分を変えることができる**

　自己変革できます。何かをさせられている自分から，何かをする自分になることができます。コミュニティに目標を持って臨むことができるようになりますし，その目標を達成するために自分で方法を選ぶことができます。その方法は誰かに何かを示してもらうというよりも，いろいろな人と話をすることを通して自分のもっとも良い方法を自分で見つけることができます。そして，目標が達成できたかどうかについて，自分でモニターすることができますのでメタ認知ができます。その過程を通して，今まで知らなかった自分自身の良さを感じ，教師であることを楽しむことができます。

◎**相談相手ができる**

　コミュニティに参加してみるとわかりますが，いろいろな人の話を聞いてみると，いろいろな不安や悩みを持っていることがわかります。そのようなところでは，悩んでいるのが自分一人でないことのわかり直しをすることになります。いろいろな人の不安や悩みを聞くことができて，自分のこととして考えることができます。自分の悩みは別の人がすでに経験したことであったり，別の人の悩みが自分の経験して乗り越えたことであったりします。そうなると，相談に乗ってもらっているつもりが実は相談に乗ってあげていたりすることもあります。その逆もまた，あります。

　相談相手ができると，ますます仲間意識が強くなって活力が生まれてくるから不思議です。

学校が集まって『学び合い』の考え方でコミュニティの効果は

　ある一つの中学校区の中で，中学校とその学区内の小学校が協力して，『学び合い』の考え方で協働的に教育活動を展開できるようなコミュニティを創ることができた場合，それも『学び合い』コミュニティですが，その魅力的な効果として次のことがあげられます。

◎**対応に困る子どもがいなくなる**

　『学び合い』を共通の目的とする地域コミュニティ，『学び合い』コミュ

ニティが創られれば、通常の授業では見たことのないような子どもたちの素晴らしい様子を目の前で見ることができます。同じクラス、同じ学校の子どもたちの中で見せていた発話や行動と異なる姿を、『学び合い』コミュニティの中で見せてくれます。

生活指導上、問題行動を繰り返す子どもたちでも、年上の中学校の子どもたちの言葉には素直に耳を傾けます。授業に集中しない子どもたちでも、中学校の子どもたちの声を聞いて「わかった」と笑顔で喜んでいる様子が現れます。しまいには、「まじめに勉強しなきゃだめだよ」と声をかけ始めます。

一方、生徒指導上、手を焼いている子どもたちであったとしても、学区の小学校の子どもたちの前では驚くほど授業に集中して活躍する姿を見ることができます。

◎子どもの人間関係が良くなる

子どもたちの人間関係が良くなることは、何も『学び合い』コミュニティを創ったからと言って初めて現れることからではありません。もともと、『学び合い』の考え方による授業を単独で実践してみるとその効果は手に取るようにわかります。

一つのクラスで『学び合い』の考え方による授業をしたときに人間関係が抜群に良くなるように、異なる学年同士で行う異学年の『学び合い』でも人間関係が良くなります。学校と学校が一緒になって協働的に行う『学び合い』コミュニティとなっても、異学年のときの『学び合い』の効果がそのまま現れることは容易に想像していただけることと思います。

今までより多くの異なる人たちと関わる機会を持つことによって、対人スキルが向上しますので、人間関係は良くなるのです。

考えてみてください。ヒトという生物は、言語を使って相互に関わり合いながらコミュニケーションをとる活動を通じて後世まで生存してきた過去を持っています。異質な人たちとの関わりを通して、成長していきます。

◎勉強がわかるようになる

異学年の『学び合い』で効果が証明されていますから、『学び合い』コ

ミュニティになってもそれは普遍の良さです。小学校の後輩たちから「お兄ちゃん，できた？」と迫られたら，勉強しなきゃと思うようになります。小学生にとっては中学校の先輩たちから，わかるようになった経験を踏まえて教えてもらえる良さを惜しみなく実感できます。

◎教師同士の協力関係が良くなる

　教師の立場で考えるとどうでしょう。小学校の先生と中学校の先生の授業レベルでの交流をどんどん図ることができます。現在，小学校と中学校の交流と言えば，年度末に小学校第6学年の担任と中学校の第1学年担当予定者が情報交換をするだけのところが多いことを考えると，素晴らしい効果を生むこと間違いありません。

　また，先生同士の間でいわゆる職能を交流することができます。長野県のように小学校と中学校の人事交流が一般的に行われているところではなお一層の効果を期待できます。小学校の先生の授業でのほめ方はとても参考になるものですし，中学校の先生の教科の授業での教材の使い方も参考になるものです。『学び合い』コミュニティでは，それらを実地に自分の目で見て，それを基に自分に取り入れて改善することができるのです。

◎校内研修が促進される

　協働的に授業実践することになりますから，他の先生の授業をただ漫然と参観するだけに終わりません。実際の場面であの先生はこんなふうにしていたと実感できますから，その場で自分自身のものとすることができることがいちばんの良さです。

◎困ったときに相互に助け合える

　私がかつて勤めた学校の職員室の隣にはお茶を飲みながら談話できるスペースがありました。そこで先輩教師から教科を超えたアドバイスをもらったものです。『学び合い』コミュニティでは，子どもを見る視点が共通していますから，教科を超えて語り合うことを実現できます。

第 2 章

教師同士の『学び合い』
コミュニティに行こう！

近くの『学び合い』コミュニティに
行ってみよう

子どもたちの姿から語り合えるコミュニティに行ってみよう

あなたの学校や自宅の近くに、子どもたちの姿を基にして学校教育の授業や教育活動を自由に語り合うことのできる地域コミュニティはありますか？

そう言われてみれば、何か怪しげな会ならあるぞ、と思っているかもしれませんが、実際に行ってみて話してみなければわからないものです。教育に関する内容であったり教材に関するものであったりすれば、それはもう自分自身を高めてくれるヒントがどこかに秘められているのではないでしょうか？

学校や自宅の近くなら、そんな地域コミュニティに行ってみましょう。長野県の場合、県内には北から、「『学び合い』北信の会」「子どもに学ぶ教師の会中信ブロック会」「臨床授業研究会」と呼ばれている地域コミュニティ（いずれも『学び合い』コミュニティです）があります。隣の山梨県甲府市には「授業マネージメント研究会」、群馬県高崎市に「木セミ」があります。いずれも、参加しているメンバーは、小学校、中学校の先生がほとんどです。時に、指導主事とか私のような大学人とかがまれに参加することもありますが、ほとんどは小学校、中学校の先生で、その数だいたい、10人前後です。

ですから、そこで語られることと言えば、小学校や中学校での子どもたちの姿、それも特に、教科の授業に現れる実際の姿です。それを例にして

語り合いながら，一人も見捨てない教育を求めて活動しているコミュニティです。

　子どもたちの実際の姿を基にして，なぜそのような様態が現れたのか，単位時間の中でその子どもがどのような発話をしてどのような行動を取ったのか，それによってその子は目標をどの程度達成したのか，等々です。教材や教師のことではありません。

　それらは，一人の子どもも見捨てない教育理念の下で授業が展開できるようにすることを共通の目的として語り合われるコミュニティです。つまり，『学び合い』の考え方を教師と子どもたちが共有して行われている授業を基にして語り合うコミュニティと言えます。このような子どもたちの姿を通じて一人見捨てない教育を目指して行っている教師同士の集まりですから，教師同士の『学び合い』コミュニティと呼ぶことができます。

❀ 誰一人排除されない『学び合い』コミュニティ

　そのような『学び合い』コミュニティに行ってみると，『学び合い』の一人も見捨てないという考え方に共感して参加している人が多いだけあって，一人も見捨てられていないことを実感できます。

　少し時間が経つと，知らないうちに自由に動き回って立ち歩く人が多くいることを発見します。えっ？　どうしてここにいるの？　と思わず尋ねたくなるほど，それは自然な動きです。

　自分だけでなく，参加している人たちは参加している人たちの誰ともコミュニケーションをとりながらみんなで協働的にテーマについて語り合おうとしていることがわかります。

　そうです。『学び合い』コミュニティに行ってみるとわかりますが，そこでは誰一人として排除されず受け入れてもらえる文化があるのです。どんな『学び合い』コミュニティであったとしても，初めての人なら，いつも参加している人以上に歓迎されることが多いでしょう。それが，『学び合い』コミュニティの良さです。

　『学び合い』コミュニティは，その場にいて誰一人として排除されてい

ないということを実感できるコミュニティなのです。

『学び合い』コミュニティは現地集合，現地解散，遅れて参加もOK

さて，それでは，実際の『学び合い』コミュニティの一つをご紹介しましょう。

下の写真は，長野県塩尻市えんぱーくというところで開かれた『学び合い』コミュニティの一つ，「子どもに学ぶ教師の会中信ブロック会」の入口付近に掲示された案内表示です。

『学び合い』コミュニティへの参加は，現地集合，現地解散が基本スタイルです。ですから，この「子どもに学ぶ教師の会中信ブロック会」も案内表示が入口付近にあるだけです。でも，心配ありません。行ってみると，主催者がにこにこしながら，手を振って迎えてくれます。初めての人の場合は，入口まで迎えに来てくれることもあります。

この日は金曜日でしたが，ご覧のように，夕方の18:00～21:00までの会場予約となっています。18:00から始まる案内がなされていますが，もちろん，金曜日の自分の学校の業務が終わってから駆けつけてきても，いっこうに差し支えありません。30分後からの参加でも1時間後からの参加でも，都合のつく時刻からの参加でOK！です。

遅れての参加もOKですし，早帰りもOKです。時間に縛られることはありません。『学び合い』コミュニティによっては，終了後に軽く食事会を計画しているところもありますが，食事会への参加不参加も自由ですし，食事会からの参加もOK！です。

実にフレキシブルで，自主性を重んじる，一人も見捨てないコミュニティとなっている点が，『学び合い』コミュニティの良さです。

『学び合い』コミュニティはリラックスできる空間

あなたは北欧の国々の学校を訪問したことがありますか？

北欧の国々の学校では、職員室が実にリラックスできる空間として設計されていて、その学校に勤務する教職員が授業の合間に立ち寄って、くつろぐことのできる時間をゆったりと過ごすことができるようになっています。広い空間に、丸いテーブルか四角いテーブルないしはロの字にテーブルを並べたところに、テーブルを囲むように椅子が並んでいます。

午前中に30分ほどとってある休憩時間になると、その学校の教員がクッキーやお菓子や飲み物を持ち寄りながら、コーヒー・ブレイクを楽しんでいます。テーブルに並べられたお菓子や飲み物の中から、紙皿に自由に取ってきて丸いテーブルを囲みながら、自由に歓談し合います。北欧の学校におじゃましてみると、このコーヒー・ブレイクの時間になると、学校で仕事をしていることを忘れてしまいかねません。

左の写真をご覧いただくと、北欧の職員室に似ている雰囲気を少しは感じてもらえるかもしれません。

対面して相手の表情がわかるように机の配置が工夫されています。発表のスクリーンが対面の会話に支障をもたらさないように横に置いてあります。発表を聞いたり質問する人の方を向いたりしながら話を進めることができるような配慮です。

テーブルの上には、仕事が終わって集まってきますから、リラックスできるようにお菓子がいくつか用意してあります。そして、自由に立ち歩いて誰とでも自由に意見交換できるように、テーブルのうしろに歩き回れるほどの空間的な余裕を持つことのできる会場が確保されています。

飲み物は、各自が自由に選択できるように別テーブルに用意されています。

　左の写真は，信州大学教育学部で開かれた『学び合い』コミュニティの一つ，北信の会のときに用意された飲み物です。用意されたものの中から，自分でコーヒー・ブレイクしたいものを自由に選ぶことができる環境が用意されています。自分の苦手な飲み物を出されても気を遣うばかりでなかなかリラックスはできないものです。もちろん，持ち込みもOKです。誰でも気軽に参加できる環境が整えられています。

　『学び合い』の考え方の一つに環境の整備がありますが，こんなところにもその考え方の良さが現れていると言えそうです。

『学び合い』コミュニティには，いつでも誰にでも何度でも尋ねられる文化がある

　『学び合い』コミュニティは，主催者が会の進行をすることが多いですが，会が始まったら姿勢を良くして静かに黙って座り続けていなければならず，席を立ったりしてはならないという堅苦しいものではありません。

　『学び合い』コミュニティは，飲み物と少々のお菓子が用意され，自由に飲んだり食べたりしながらリラックスして自由に情報交換を行う場です。わからないことが出てきたら，その場でそのときに尋ねてみることができますし，ぜひお勧めします。先にも紹介しましたが，『学び合い』コミュニティでは，こんなこと聞いたら恥ずかしいなあということはありませんし，こんなこと聞いても取り上げてもらえないだろうなあということもありません。ささいなことだと思っていたことでも，実はとても大切であったという経験は山ほどあります。取るに足らないことだと思っていることでも遠慮なく尋ねることができる良さがあります。

　さらに，戻って質問することもできる点も良さの一つです。話が進んで，前に聞いたことだったけどわからなくなってきたというときもあるでしょ

う。そんなときは、前の話に戻って遠慮なく、何度でも尋ねることができます。

　左の写真は、ある日の実際の北信の会の様子です。車座になって、お互いに自由に何でも聞き合っているところです。隣の人とも向こうの人とも、また席を移動して遠くの人とも自由に語り合うことができます。そのときの話題を持っていくこともできますし、話題の中に入っていくこともできます。いつでも誰でも何度でも尋ねることができる文化によって保障されているからです。

　自分がわかったつもりのまま終わってしまわずに、本当によくわかるまで何度でも聞くことのできる点もこのコミュニティに参加する良さであると言えるのです。

　『学び合い』コミュニティでは、それをリラックスしながら自由にいつでも誰にでも尋ねることができる文化を持っているところが良さと言えます。

　『学び合い』の考え方の一つに学習者の有能さを信じて任せる考え方がありますが、自らの目標がありその達成に向かって自分にいちばん良い方法を選択して行動を起こすことのできる良さが、こんなところにも現れていると言えそうです。

困っている悩みを聞いてもらいに行こう

※ 困って悩んでいることはありませんか？

　普段，教科の授業をしているときに困って悩んでいることはありませんか？　あるいは，学級づくりで悩んでいることや子どもたちとの接し方で悩んでいることはありませんか？
特に，次のような心当たりはないでしょうか？

　　　★ 気になる子がクラスにいて困っている。
　　　★ クラスの中の何人かが授業についていけなくて困っている。
　　　★ クラスで仲間はずれになっている子がいて困っている。
　　　★ クラスの中で見捨てられている子がいて困っている。
　　　★ 学級崩壊になるのではないかと心配で困っている。
　　　★ 学級経営がうまくいかなくて困っている。

一つでも心当たりのある方は，ぜひ近くの『学び合い』コミュニティに行ってみませんか？

※ 気になる子がいて困っていた先生の悩みも解消されます

　『学び合い』コミュニティには，臨床心理士資格を持ったスクールカウンセラーが常時参加しているわけではありませんから，専門的な立場の人たちから助言，援助やメンタルヘルスケアをしてもらえるわけではありません。

先にあげた悩みを持っている先生自身の，子どもたちに対する見方や授業に対するとらえ方，学校に関する考え方を変えてもらうだけのことです。
　『学び合い』コミュニティには，先にあげた悩みが解消できずに困ってしまって，『学び合い』の考え方に出会って実践してみたら，その悩みがあっという間に解消されたという経験を持つ先生がたくさん参加してきているのです。
　たとえば，ある学校に，「気になる子がクラスにいて困っている」状況で悩んでいた先生がいました。その先生も，ふとしたきっかけで『学び合い』コミュニティのことを知りました。そして，思い切って参加してみたそうです。そこでは『学び合い』の授業を経験して，悩みを解消できた実践家の先生が大勢いて，語りのやり方とか授業づくりとかを聞かせてもらったと言います。
　その先生は，それほどならば『学び合い』に取り組んでみようかという気持ちになって，自分の学校に戻って『学び合い』の考え方による授業を実践して試してみました。そうしたところ，子どもたち同士で，その先生の気になる子に関わり始めて，気になっていた子と周りの子どもたちとの関わりが活発になり，やがて気にならなくなるほどになったとことです。もちろん，授業の内容も理解できるようになりました。
　いかがでしょうか？　一例ですが，その他にも先生だけしか関わることのできなかった子どもたちに，周りの子どもたちが関わるようになっていって悩んでいたことが嘘のようだという実践もあります。
　今では，その先生は，『学び合い』コミュニティの常連となって参加しています。
　学校での悩みを一人で抱え込まずに，『学び合い』コミュニティへ悩みを聞いてもらいに行ってみませんか？

どうしたらよいか迷っている不安を
解消しに行こう

どうしたらよいか迷っていませんか？

　普段，教科の授業をしているときにどうしたらよいか迷っていることはありませんか？　あるいは，学級づくりや子どもたちとの接し方でどうしたらよいか迷っていることはありませんか？

　特に，次のような心当たりはないでしょうか？

　　◇隣のクラスより平均点が悪くて，なんとかしようと思っているがこのまま続けようか何か別のやり方をしてみようか迷っている。
　　◇子ども主体の授業に変えたいけど，ペア学習にしようかグループ学習にしようか迷っている。
　　◇授業中の班活動を子どもたちに任せたいけど，リーダーを育ててからにしようか活動を任せながらリーダーを決めさせようか迷っている。
　　◇『学び合い』って最近よく聞くので，やってみたいけど男女混合班にしてやろうか男女別々班にしてやろうか迷っている。
　　◇『学び合い』をやってみようと思うけど，算数でやろうか国語でやろうか迷っている。
　　◇『学び合い』の目標を作ったことがないので，1時間に目標を1つにしたらよいのか1時間に2つくらいは用意しなければならないのか迷っている。

実践経験豊かな先生の語りを聞くことは意義あることです

　『学び合い』コミュニティに参加する人の中には，『学び合い』の考え方

による授業に取り組んだ経験を比較的多く持っている先生が必ず一人はいます。その先生の経験を聞くことができる点は、『学び合い』コミュニティに参加する価値があります。

特に、算数と国語でやってみてどちらの教科の授業の方がどんな感じかという経験を語ることのできる先生がいます。同様に、単位時間の目標を1つにして失敗した経験を持っている先生もいれば、2つにして失敗した経験を持っている先生もいます。それらの先生の経験豊富な語りを生で直接じっくりと聞くことができるのは、『学び合い』コミュニティしか他にありません。ぜひ、お勧めです。

『学び合い』コミュニティの良さは一人も見捨てないところ

『学び合い』コミュニティの良さは、一人も見捨てないところです。『学び合い』の考え方でなかったとしても、一人も見捨てられずに親身になって一緒に考えてくれます。

ある学校の先生が、教科の教材のことで迷っていて『学び合い』コミュニティに参加したことがあります。たまたま、その先生の隣に座っていたのが同じ教科の先生でした。迷っている不安を相談された先生は、同じ校種の同じ教科であったこともあって、さすがにそのときは立ち歩きもせずに、最後までその不安を持ちかけてきた先生につきあって話を聞き、自分のこれまでの経験を語ってあげていました。

後日、相談に乗ってあげた先生に対して、その後の様子を尋ねてみたところ、その先生は自分の学校に戻って、助言されたとおりに実践してみて不安が解消されたということでした。

良い実践に触れに行こう

明日からの実践に即時的に役立てられる実践が紹介される

『学び合い』コミュニティの運営は、主催者によって様々な形で進行されます。

たとえば、次のような三つの運営のされ方があります。

(1) コミュニティ会場の近くの学校で他の参考となるような教育実践を進めている先生に対して、主催者が事前に実践発表してもらえるかどうかを打診しておいて、了解を得た上で案内が出されるケース

(2) 主催者がコミュニティの開催日と会場を確保しておいて、そのときに発表してくれる人を募る（いわゆる公募）作業を経て、発表してくれる人を決定して案内が出されるケース

(3) コミュニティと会場だけを確保しておいて案内が出されます。その上で、当日集まった人に自己紹介をしてもらった後に、話題提供できる人（特に、興味を抱かせる内容の教育実践や初めて参加する人にとって参考となると思われる教育実践をしている人の中から選ぶことが多いです）や悩み、不安を持っている人がいたらその人から発表してもらうケース

上のいずれのケースでも、明日から自分の学校ですぐにでも役に立つであろうと思われるような参考になる教育実践が紹介されることがほとんどです。

なぜなら主催者は、ある程度の学校現場での教育実践の経験を持ってい

る先生や『学び合い』の考え方による授業を実戦した経験を持つ先生ばかりなので，主催する立場に立って，ぜひこの実践を紹介してもらいたいとか，実践を進めるポイントを聞いてみたいとか，という何か意図があるからです。

また，(3)の悩みや不安を持っている人の話を聞こうとするのは，『学び合い』の考え方が一人も見捨てないことを大切にすることによるものです。教育実践において，何か困っている先生がいたら無償で助けてあげたいと思うのは『学び合い』コミュニティの素晴らしい良さと言えるでしょう。

左の写真は，子どもに学ぶ教師の会中信ブロック会の『学び合い』コミュニティのときのものです。

全校『学び合い』に取り組み始めた学校の教員が，当初は授業の進度や課題づくりについて悩みを抱えていたものが，回数を重ねるごとに悩みが軽減されている実態を発表しているところです。先にあげた(1)のケースの発表です。

右の写真は，北信の会の『学び合い』コミュニティのときのものです。これは，先にあげた(3)のケースです。

コミュニティの近隣に，理科の実践で困っている中学校があったので，チームで連携しながら支援に入った教育実践について，

黒板を使いながら解説している様子です。事前の打ち合わせは何もなかったのですが，そのときのコミュニティの参加者の校種構成と雰囲気から，自然発生的に参加者の学びが始まったものです。

いずれも，『学び合い』コミュニティに参加してこその学びと言えます。

相談相手を見つけに行こう

フリー・トークの時間が見逃せません

　クラスの中の子どもたちのことや学級経営のこと,教科の授業のことなどで困って悩んでいたり迷っていたりする先生は,『学び合い』コミュニティに行って,一緒に考えてみませんか？

　『学び合い』コミュニティでは,一人も見捨てない教育の実現を目指して,学校教育の中で多くの時間を占める教科の授業を通して,人間関係づくりや学級づくりを進め,チームワークで共生できる集団を創ることを話題に取り上げて,みんなでわいわいがやがやと自由にかつ闊達に話し合いを行っています。

　そんな『学び合い』コミュニティでは,「フリー・トーク」と呼ばれる時間を確保することが珍しくありません。15～30分ちかくまで,そのときの場の雰囲気や時間の余裕を見ながら,臨機応変に時間が確保されます。

　「フリー・トーク」の時間帯には,それこそ,自由に立ち歩いて自由に語り合って,自由に質問して自由に応えて,という自由な時間です。どこに行ってもOKですし,誰と話してもOKです。どんな内容の話をしてもOKです。もちろん,飲み物を自由に飲みながら,少々ですが用意されているお菓子を食べながらもOKです。

　何か相談ごとをしたいと思って参加している人にとっては,この「フリー・トーク」の時間が見逃せません。待ってましたとばかりに,目当ての先生の所に聞きに行くことができます。初めて参加しても困ることはあり

ません。どんな悩み、どんな不安なのかがわかれば、「ああ、それなら〇〇先生がいいよ。」と誰ともなく薦めてくれる参加者が必ず現れます。薦められた先生の所に行って聞くことができるのですから、誰に聞いてよいのかなどと思い悩む心配もいりません。

　左の写真は、『学び合い』コミュニティの一つ、子どもに学ぶ教師の会中信ブロック会のときの1コマです。

　ある学校の先生が、子どもに学ぶ教師の会中信ブロック会に校内研究をどのようにして進めていったらよいかについてアドバイスをもらいたいということで参加されていました。周りの参加者の人から、「それなら先生に聞いた方がよい」と薦められて、「フリー・トーク」の時間にその先生の隣に移動して、身を乗り出しながら話を聞いている様子です。相談相手が見つかって熱心に聞いている真剣さが伝わってくるようです。

　ずっと同じ席に座りっぱなしで移動できず、ただ議題に沿って話を聞くだけのコミュニティとはひと味違っていることがよくわかりますね。

　また、あるときには、中学校で採用されて間もない若い先生が、理科の授業のことで話を聞きたいという気持ちを持って、『学び合い』コミュニティに参加されたこともありました。

　そのときも、周りの参加者の人から、「それなら先生に聞いた方がよい」と薦められて、「フリー・トーク」の時間になったとたんに、その先生の隣に移動して、熱心に話を聞いていたことがありました。その若い先生はリピーターとなって次の回の同じ『学び合い』コミュニティに参加されたほどです。

　『学び合い』コミュニティに参加すると、自分の悩みや不安を聞いてくれてその解消に向けた豊富な経験を示してくれる人に出会える点が良さと言えます。

自分自身の課題を一つでいいから持って行こう

課題を一つ持って参加することのすすめ

　『学び合い』コミュニティに限ったことではありませんが，参加するに当たっては，ぜひ自分自身の課題を一つ持って臨むことをお勧めします。

　『学び合い』の考え方に対する疑問でも実践上の悩みでもかまいませんし，日常のクラスや教科の授業の中の子どもたちに関する悩みや心配でもかまいません。

　実は，『学び合い』コミュニティで用意されるレジュメには，下の写真のように「本日の課題」と「課題が達成できた・課題が達成できなかった」の欄がある場合があります。

　「本日の課題」の欄には，その日の自分自身の課題を記入できるような空欄が用意されています。その空欄に，参加したその日の自分自身の課題を記入すればよいのです。そして，『学び合い』コミュニティの時間の最後には，「本日の課題」に対する自己評価としての「課題が達成できた・課題が達成できなかった」に記入する時間が確保されています。その時間を使って，その日の『学び合い』コミュニティでの自分自身を振り返って

メタ認知できるように工夫されているのです。左の写真は、まさに今、「本日の課題」を書いているところです。

課題を持って『学び合い』コミュニティに臨むことは、明日から即時的に活用できるであろうあるいは困っている悩みや不安を解消につなげてくれるであろう糸口を真っ先に見つけることのできるきっかけを作ってくれる良さが生まれます。

「フリー・トーク」で課題解決へ

また、『学び合い』コミュニティには、「フリー・トーク」と呼ばれる時間が確保されていることはすでにご紹介しました。そこには、写真のように「日頃の課題やお悩みを解消するために」という副題が付けられています。

> 3　フリートーク
> 　　※日頃の課題やお悩みを解消するために

この「フリー・トーク」で日頃の課題や悩みを解消させることができます。この手法は、『学び合い』コミュニティに見られる優れた利点と言えます。

『学び合い』コミュニティでは、『学び合い』の考え方に則って、自分の目標を設定し、その目標達成に向けた最善の方法を自分で選択できる環境を整えて、経過は参加者に任せて、最後に評価する手法が採用されています。それが、参加する人たちにとって、最善の方法だからです。まさに、『学び合い』の考え方そのものと言えます。

それが、このコミュニティの良さでもあるのです。

行ってみると，アフターケアがついてくる？

授業づくりや目標づくりを支援できます

　私は，全国各地の小学校，中学校，高等学校で，教科・領域を問わず，130回を超える回数の『学び合い』ライブ出前授業（その学校の年間指導計画に則った流れの中に，そのときだけ飛び込みで年間指導計画に沿って実際にライブで実践する授業）を行ってきています。もし，『学び合い』コミュニティに参加して，さらに学びたいと思ったときには，フォローしてもらえる場合があります。

　あなたの学校へ出かけていって，直接，あなたの学校の子どもたちを対象にしてライブで，『学び合い』の考え方による授業をすることができます。小学校第1学年から高等学校第3学年まで，どの学年でもお引き受けします。したがって，あなた自身のクラスの子どもたちを対象にして，ライブで第三者の立場になって授業が参観できるのです。

　しかも，あなたの学校の年間カリキュラムに則って，要望のある教科・領域の要望のある単元ないしは題材，あるいは主題で，『学び合い』の考え方による授業をします。私からの持ち込み授業ではありません。したがって，あなたの学校の年間カリキュラムを大きく変更することなく，要望のある単元での平常の授業の一環として『学び合い』の考え方による授業を参観できる点が大きな利点です。

　私の『学び合い』の考え方による出前授業は，あなたの学校の子どもたちを対象としているだけに，普段接しているあなたの学校のあるいは学級

の子どもたちが具体的にどのような姿になるのか，どのように変容するのかを，あなた自身が直接見ることができる点が大きな利点です。ですから，理論を学ぶだけでなく，『学び合い』の考え方というのはどのようなものなのか，『学び合い』の考え方にはどのような良さがあるのかを，あなたの学校の子どもたちの様子を通して実感していただくことができます。(連絡先は，巻末の編著者紹介をご覧ください。)

　『学び合い』コミュニティに行って，その場で悩みや不安が解消されれば，それに越したことはありません。あなたが自分の学校に戻って，自ら試みて成果を上げることができればそれでよいでしょう。

　しかし，自分が実践しているものでよいのだろうか？　という疑問が払拭されない場合には，実際に連絡を取ってみることも選択肢の一つです。それを可能にしているのが，『学び合い』コミュニティの良さでもあります。

　一方，こんなこともありました。

　ある小学校の先生と，『学び合い』コミュニティで一緒に話をしたときのことです。目標をどのように作ったらよいかわからないので，どうやって作ったらよいかを解決したくて参加したとのことでした。一通りのことはそのときに話したのですが，やはり実際に自分で作ってみないとわからないので，今，持ってきていないから自宅に帰ったら，自分で作ったものを送るから見てもらえるかという相談を受けました。

　その先生は，自宅に帰った後，早速私のところにメールを送ってきて，実際に自分が教える教科の単元の目標を送ってきてくれました。それを見ながら，そのような目標を作った意図を確認しつつ，修正が必要なところを助言したり私ならこのように作るというサンプルを示したりしながら，メールでやりとりして完成に至りました。

　『学び合い』コミュニティに参加するだけでなく，その後の授業実践や目標づくりを支援してあげることができる点も，『学び合い』コミュニティの良さと言えます。

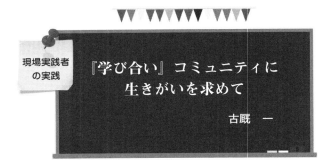

現場実践者の実践

『学び合い』コミュニティに生きがいを求めて

古厩　一

校内での教師同士の『学び合い』コミュニティ

　最後の勤務校，生坂中学校職員の間での共通した課題は，固定された人間関係を打破し，自立した生徒をいかに育成していくかというものでした。

　これらに対応できる方策を探していたときに出会ったのが，上越教育大西川純先生提唱の現在『学び合い』と呼ばれているものでした。わが校の課題が教師同士の学び合いによって解決できるかもしれないと思えたのです。

　平成18年1月，私と社会科教諭で，埼玉県にある小学校6年生の社会科の授業参観に出向きました。子どもたちの様子を見て，社会科教諭は大変なショックを受け，「中学生が，あの小学生たちに太刀打ちできない」と帰りの電車の中で語っていました。2月，3月と彼が担任していた2年生のクラスで社会科『学び合い』の授業を試行し，手応えを感じた彼は，1，2，3学年の全クラスで，平成19年度に年間を通して『学び合い』の授業を実施。校内・校外に向けて積極的に授業を公開し，県外へも研修に出かけるなど意欲的な取り組みをしたのです。授業中に居眠りをしている生徒はいなくなり，生徒同士が真剣に語り合う姿が見られるようになりました。しかも，社会科だけでなく他の教科でも授業に向かう姿勢が変わってきたのです。校内の職員の間でも『学び合い』への関心が少しずつ高まっているという雰囲気を感じました。こうした流れの中で，次年度からどの教科でも各自のできる範囲で『学び合い』の考え方を取り入れて授業をしていこ

うとなったのです。

　これを受けて20年度、「みんなでわかり合うことをあきらめない授業づくり」を掲げ、教科の授業の中で人間関係づくりを目指した生坂中学校の『学び合い』への取り組みが始まりました。やがて「自分から進んで授業を受けることは少なかったけど、みんなが進んで授業を受けるようになってきた」などという頼もしい声が生徒から聞かれるようになってきました。

　平成20年度末、『学び合い』推進のパイロット役の転出で『学び合い』研究の推進が危惧されましたが、平成21年度（私の定年で最後の年度）の5月に開催された「第4回『学び合い』長野セミナー」の場で、同時に理科、国語、社会科の授業を公開することができました。授業の終了後、生徒も加わっての授業検討会の場で、『学び合い』の授業をするようになって変わったことは何か等の質問に、生徒たちの淀みなく答えている姿がいまでも印象深く思い出されます。このときの懇親会の場で、神奈川の会のお二人からツアーを組んで『学び合い』の授業を参観したいという話が出されました。この提案に応え、2学期始業式の翌日の他県ではまだ夏休みの時期に、松本市の鎌田小学校の理科の授業と生坂中学校の全クラスの授業2時間分を公開する方向で話がまとまったのです。8月20日（金）当日は、神奈川の会のメンバーを始め、西川先生と西川研のメンバー、三崎先生と三崎研のメンバーなど30名を超える参会者を得ました。その日の懇親会の場で、あの「クラスが元気になる！『学び合い』スタートブック」の編集が具体化されたのです。

　このときのアンケートで、「もっとこういう授業が増えるといいのに」、「クラスにまとまりができて、以前は男子と女子の仲があまり良くなかったが、私生活の中でも男女が話すようになりました。話し合いを深くできるようになった」など生徒の声が出されました。

　学力面では、特に低位性を中心に底上げが図られ、全国学力・学習状況調査（いわゆる学力テスト）の結果は、特にB問題で、国語も数学も全国平均を10〜15点上回る状況となったのです。村の教育委員長さんから人間関係の改善や学力の向上に温かい励ましの意見をいただき、職員で

も自信のようなものが芽生え始めました。

退職，そして全国の『学び合い』コミュニティとのつながり

　私の退職と同時に，またその翌年に教員の多くが転任しなければならなくなりました。自分自身に後継者を育てる余裕と力量がなかったことが大変悔やまれました。しかし『学び合い』の考え方の素晴らしさ，『学び合い』コミュニティの素晴らしい味を知ってしまったのです。私が『学び合い』に出会えたのは退職する4年前。せめて学級担任のときに出会えていればと何度も思ったものですが，現職のときに『学び合い』に出会えたからこそ素晴らしい経験ができたわけです。そこで定年退職を期に，全国各地の『学び合い』コミュニティに積極的に出かけることで私の中途半端な気持ち，消化不良の状態を整理し，未熟な私がもっと成長しなければと考えたのです。そしてこのことが私の生き甲斐の一つになればと願いました。

　以下，実際に各地の『学び合い』コミュニティに参加し，直接見たり，聞いたり，感じたり，考えさせられたことなどをページの許される範囲で述べていきたいと思います。

その1　《多彩な『学び合い』コミュニティ》

　年1回開催され，『学び合い』の全国大会的な役割を担って開催されている「教室『学び合い』フォーラム」は，参加者数も多く，宿泊を伴っての2日間開催が基本になっています。この会では，講演，パネルディスカッション，参会者を児童・生徒に見立てた模擬授業，実践事例発表など多彩な内容が盛り込まれています。一方，ファミレスや喫茶店を会場にして数名で情報交換をするようなものまで規模も内容も様々です。また，それぞれの会の発足に至った経過やそこに込めた思いなどによって，会の特徴，雰囲気も実にバラエティーに富んでいます。その一例を紹介します。「木セミ」（『学び合い』群馬の会木曜セミナー）のように，毎月末の木曜に開催し，すでに80回を超えている会も存在しています。全国で真っ先に学校ぐるみで『学び合い』に取り組んだ高崎市の小学校で中核を担っていた

方々が中心になって会の運営をしています。現在は授業のつくり方の手ほどきになるようにと書籍づくりに励まれています。その上，毎年高崎市で開催を続けている「『学び合い』を共に学ぶ会in群馬」の会の運営も担っています。この会がこの種の会の先駆けであると同時に，児童・生徒・その保護者の発表が盛り込まれているのも特筆すべきことです。

　全国で30以上の『学び合い』コミュニティが活動しています。月2回，毎月，隔月，年数回，年2回，毎年，不定期開催など開催の間隔も様々ですが，定期的に，また長年開催されている会には，主催者の努力ばかりでなく，それなりの魅力や開催の意義が込められているのだと思います。

　佐賀県の東部教育事務所では『学び合い』担当の指導主事が置かれ，「『学び合い』学習会」が月2回開催されています。全国で唯一，教育事務所が学力向上の方策として『学び合い』の考え方を取り込んでいるのです。ここに加入しているネットワーク会員が佐賀県の先生方ばかりでなく九州北部の方を中心に150名を超えている。この方々を核にして，いまや全国で『学び合い』実践者がいちばん多く，最も盛んなのは九州北部だと思います。

　一人で実践している場合やこれから単独で実践しようというときに，『学び合い』の心得のようなもの，「語り」の仕方，1時間の課題，単元ごとの課題の設定の仕方など，また，課題と評価の関係など共に考え相談できる人がいれば心強い。メールやスカイプ等の活用と合わせて，気軽に参加できる『学び合い』コミュニティが近くにあるとうれしいですね。

その2 《初めての人にやさしく，とことん討議できる運営》

　どのような会に参加する場合でも，特に初めて参加する場合や知人が誰もいないような場合，その緊張感は半端ではないでしょう。「山梨授業マネジメント研究会」（旧『学び合い』山梨の会）では，初めて『学び合い』の会に出席する方や『学び合い』初心者が一人で出席した場合に「『学び合い』とは何か？」というセッションを設けて対応しています。また自己紹介をして会を始める会が結構ありますが，「『学び合い』千葉の会」の運営は，誰がどんな目的で参加しているのかを共有し，参加者それぞれの課

題を全員が達成することを目指して運営されています。会の運営の基本的な考え方が誰も見捨てないという，まさに『学び合い』の考え方でなされているのです。これも一つの例に過ぎません。このように初めて参加した者にとってはもちろんですが，参加者すべてにやさしい運営になっているのではないでしょうか。

　多くの『学び合い』コミュニティでは，その多くが「フリートーク」と呼ばれ，席を離れて誰とでも自由に討議できる時間が設定されています。このフリートークは初めて参加した人にはびっくりです。私も最初そう感じました。でも，誰かがそんな様子を見て声をかけてくれるでしょう。さみしい思いをして会が終わるということはないと思いますよ。そして，目的を持って参加する人にとっては，納得のいくまで徹底的にわからないことや聞きたいことを尋ねたりできる素晴らしい場になること請け合いです。「おにぎりの会」（『学び合い』東京の会）や「『学び合い』大分の会」ではなんとすべての時間が「フリートーク」の時間になっていました。

その3　《『学び合い』授業参観が可能》

　平成21年5月の第4回目の「『学び合い』長野セミナー」では，広い会場内で3学年3つの授業を公開できました。毎年開催され，6回を数える「越後『学び合い』の会」では毎回授業が参観できます。ここ何年かは，全校『学び合い』の授業参観が組まれています。平成25年秋に開催された「『学び合い』秋田の会」では，会の翌日に授業を参観できるようにと考え開催期日の設定がなされたと聞きました。平成26年の2月に福岡県で開催された「第10回「教室『学び合い』フォーラム」では，学校をあげて全クラスで，単独学級ごと，学年ごと，3学年合同の授業など多彩な形態の授業が公開されるに至っていました。

　『学び合い』の考えで授業を実践されている教室では，行事等で都合の悪い場合を除いて，常に公開可能なところがほとんどです。身近なところで『学び合い』ので授業を実践されている方がいましたら声をかけてみてください。授業を見ていただくことで子どもたちは普段以上に張り切って

授業に臨むのですから，授業を公開することが授業をより活性化することにつながります。授業者は喜んで公開するはずです。

その4 《コミュニティの質の充実》

　大多数の先生方は，多様な子どもたちを前にして，ただでさえ難しい状況を少しでも改善しようと，勤務時間を超越して，力の限りを尽くして頑張っています。こうした中で，常に教育のあり方を問い続けた結果『学び合い』の考え方に行きついたという方が多いように感じています。また，いろいろ手を尽くしてみたけれど思うような成果を上げることができないと感じ，藁をもつかむ気持ちで『学び合い』の実践を始めた人たちをたくさん知っています。ですが残念な話もたくさん聞いています。熱意のある方々が実践に踏み切れなかったり，途中で挫折を余儀なくされたりしないためにも，『学び合い』コミュニティの果たす役割は大きいと考えています。

　『学び合い』関係の書籍がいろんな会社から出版されるようになってきたことからして，『学び合い』に対する受け止め方が少しずつ変わってきていることを感じ，心強く思っています。最近出席したいくつかの『学び合い』の会でも貴重な提案を聞きました。西川純先生のゼミ生が提案し東京のある出版社で開かれた会で，『学び合い』の実践の様子をビデオで見ながら研究しようという話が持ち上がり，実践に移されようとしています。「『学び合い』千葉の会」の討議の中で，教案を作成した上で『学び合い』の授業研究をしていくことの必要性が提案されました。

　「木セミ」だけでなく「おにぎりの会」，そして「'manabiai' Fukuoka Bace」（旧『学び合い』福岡の会）などでも書籍出版への取り組みが進んでいます。これまでも『学び合い』グループでのブログ，フェイスブック，ミクシー，ツイッターなどや，ホームページを作成して『学び合い』の実践を発表している方もいましたが，一歩前進した状況といえるのではないでしょうか。

　「算数や数学の課題イメージはできるのだが,国語や社会科の『学び合い』の課題をどう考えたらよいのかわからない」という質問もよく受けます。

これに応えるために，「課題づくりセミナーin長野・いくさか」と銘打った会の運営をしたことがありますが，課題と評価の意義をしっかりと確認すると同時に，課題のつくり方についても，実践例を示しながら，体系的に示す必要があると考えています。主催者は知恵を絞って会を運営しています。そうした方々にお会いできるのはもちろん，このような会に参加することで直接に，また間接的に『学び合い』ネットワークを介して様々な実践者とつながることができ，情報を交換し合うことができます。教員同士が学び合い，切磋琢磨していくことが，『学び合い』の考え方を着実に実践していく上で極めて大事だと思います。『学び合い』の根幹をなすところは「一人も見捨てない」と言われています。授業で『学び合い』が定着するかどうかは，教員同士の『学び合い』が機能しているかどうかがポイントだと思います。

まとめにかえて

　私は全国の様々な『学び合い』コミュニティに参加してきましたが，そこで若い20代，30代の方が意欲的に参加している姿に接し，エネルギーや勇気を分けてもらっている感じです。教師を目指す学生の皆さんにも大勢出会えました。また，身銭を切って学びに出かける方が大勢いることを知り，日本の学校教育の将来も捨てたものではないと感じました。最近特に校長など管理職に身を置く方の参加者が増えていることを大変心強く感じています。

　長年『学び合い』の考え方を中核に据えて実践している方を見ていると，どのような人間の育成を目指すのかなどが明確になっていて，『学び合い』を実践することが手段ではなく，『学び合い』の考え方を実践に生かしているような気がしています。これは『学び合い』が方法ではなく考え方だということを表している証拠かもしれません。ですから，目指すべきは授業で学び合わせることではなく，あくまでも「一人も見捨てないこと」であり，共生社会の形成を目指していくことだと思うのです。

　『学び合い』の会や実践校の授業を参観させていただき，いちばん勉強

さていただいたのは私自身だったわけです。これからも可能な限り全国の『学び合い』コミュニティを訪問し,自分自身の学習と同時に,そこで学んだことを参加していただいた方々や『学び合い』に関心を持っていただいている方々に,何か少しでもおすそわけできたらと思っています。

第3章

教師同士の『学び合い』
コミュニティを創ろう!

アントレプレナーシップの気持ちで
コミュニティを創ろう

アントレプレナー教育から困難に対峙する力を学ぼう

　北欧諸国のフィンランドやスウェーデンでは，学校のカリキュラムの中にアントレプレナー教育（起業家教育）が取り入れられています。起業家の生き方や精神（アントレプレナーシップ）を様々な体験から学ぶことを通して，子どもたちが社会における自分のあり方や困難に対峙する力を学ぼうとするものです。

　スウェーデンでは，高校の職業プログラムの中の科目の一つに起業が設定されています[※1]し，フィンランドでは国家カリキュラムの教科横断的テーマの一つに，参加する市民性と起業家精神が取り上げられています[※2]。

　日本でも，アントレプレナー教育をキャリア教育とともにカリキュラムの中に取り入れて実践している小学校があります[※3]。そこでは，リスクを恐れずにチャレンジする心やプレゼンテーション能力，コミュニケーション能力，情報活用能力，将来設計能力などを身に付けることを意図して教育実践が続けられています。

アントレプレナー教育から自分のあり方を学ぼう

　近年注目されつつあるアントレプレナー教育が子どもたちを対象にして実践されているわけですから，それを指導する立場にある私たちも，ぜひアントレプレナーシップを持って，あるいはアントレプレナーシップを学ぶためにコミュニティに参加してみてはいかがでしょうか。

アントレプレナー教育を実践している小学校では，次のような手順で進めています。この手順は，私たちが困ったときの参考になるものではないでしょうか。

---
① 挑戦しようとする活動の内容について自分で調べる
② 活動体制を組織する
③ 活動の内容（中身）を開発する（試してみたりアンケートを取ったり）
　実際に活動してみる
④ 活動してみた報告会を開いてリフレクションをする

　いかがでしょうか。小学校での取組とはいえ，私たちが実際に何か新しいことに挑戦しようとするときのノウハウを教えてくれている気がしてなりません。自分がこれまでに想定したことのない初めての難題に遭遇したときに，どのようにして解決していったらよいのかに対する示唆を与えてくれたり，困ったときの自分のあり様や困ったことに対峙する所作にヒントを示してくれたりする可能性があります。

　このアントレプレナー教育から，普段のクラスの学級経営や教科の授業に臨む上で，自分のあり方や困ったことに対峙する処方箋を学ぶことができると言えます。『学び合い』コミュニティを創ってみることによって，そのプロセスを通して自分のアントレプレナーシップを喚起し，困ったことに遭遇しても乗り切ることのできる勇気を持つことができるようになることが期待できます。

　さあ，あなたも，アントレプレナーシップの気持ちを持って，一歩踏み出してみましょう。

【注】
※1　三瓶恵子：「人を見捨てない国スウェーデン」，35-48，岩波書店，2013.
※2　福田誠治：「フィンランドはもう『学力』の先を行っている」，91-94，亜紀書房，2012.
※3　貝ノ瀬滋：「小・中一貫コミュニティ・スクールのつくりかた」，68-69，ポプラ社，2010.

最初は参加者二人でもOK！
日程を決めてコミュニティを創ろう

最初は，参加者が自分ともう一人だけでもOK！

『学び合い』コミュニティの良さを参加してみて体験できたら，今度はあなたが創ってみましょう。

初めて開催する最初のときは，参加してくれる人が自分ともう一人の二人だけでもOK！です。最初から20人も30人も集めようと思わないことです。大勢になればなるほど，『学び合い』コミュニティを創ろうとした目的や理念が伝わりにくくなってしまいかねません。

忙しい中，集まってくれたみなさん全員と話をする時間が確保できませんので，おそらく話題にしたいと思って持ち寄ったであろう，とても素晴らしい実践を聞くことができなくなるでしょうし，困っていて悩んでいることも聞いてあげることができなくなるでしょう。

『学び合い』コミュニティを立ち上げた目的と理念に共感してくれる人ならば，2人でも3人でも大歓迎で迎えましょう。

開く日程を考えよう

『学び合い』コミュニティを創ろうと決心したら，まず最初に，いつ開催しようかと考えます。いつというのは，何曜日にしようかということと，どのくらいの割合で開催しようかというおおまかな計画があると見通しを立てることができて便利です。

平日であれば，仕事が終わってから集まるので，夕方の18:00からとか

18:30から始められる日程がよいでしょう。3時間ほど確保できる時間帯がほしいです。

　週初めの月曜日や火曜日に開くことも考えられます。実際に、群馬県高崎市の『学び合い』コミュニティの一つである「木セミ」は、毎月最終木曜日の夜に行っています。集まって話題となったことを次の日に自分の学校で実際にすぐに試してみることができるからという主旨です。

　週の終わりの金曜日に開くところもあります。長野県の子どもに学ぶ教師の会中信ブロック会、北信の会、臨床授業研究会は金曜日開催が多いです。1週間の終わりに開いて、その週の実践を持ち寄ることができますし、その作業を通して自分で振り返ることができる利点があります。会が終わった後に、食事会をすることも可能な曜日です。

　土曜日に開催するコミュニティもあります。土曜日ですと、部活動等の指導がなければ、午後の早い時間帯に設定することができるところが利点となります。学校の授業がないので集まりやすいという良さもあります。

　開こうとする曜日が決まったら、どのくらいの割合で開こうかと言うことも考えてみるとよいでしょう。

　毎月、定期的に開催しているところもありますし、2〜3か月に一度というところもあります。年に2〜3回というところもあります。集まってみて、参加した人たちの都合に合わせて、次の日程を決めるという不定期だけれども次を確定させる形を取っているところもあります。

　どのくらいの割合で開催していくかということも、集まった参加者同士で決めることができますから、必ず何か月に何回の割合を確保しなければならないと言うことはありません。

　要は、『学び合い』コミュニティを創って、いちばん得をするのは、他ならぬ自分なのです。自分がいちばん得する『学び合い』コミュニティを創ってみませんか。

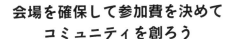

会場を確保して参加費を決めて
コミュニティを創ろう

会場は参加する人が集まりやすいところにしよう

　『学び合い』コミュニティを開くことを決めたら、次は会場です。地域コミュニティとしていつまでも機能させるためには、やはり集まりやすい場所を会場にできる方がよいです。

　その第一候補として、あなたの勤務する学校の会議室なり図書室なりが考えられます。長野県の「臨床授業研究会」「『学び合い』北信の会」は学校を会場としてお借りして実施することが多いです。

　平日の夜ないしは、土・日・祝日となるでしょうから、勤務時間外に会場を借用することになるので、管理職に申し出て許可を得る必要があります。市町村教育委員会管理の不動産を一時借用することになるのですから、管理職に相談して必要に応じて、不動産一時使用申請書のような申請書の提出が必要かどうか検討しましょう。

　あなたの学校でなかったとしても、参加する人が事前に決まっていて、その人が近くの学校であったとしたら、その人の学校の一室を借りることができればそれでもかまいません。

　次に考えられるのが、公共の施設です。図書館や公民館や市町村のセンターが候補となります。長野県の「子どもに学ぶ教師の会中信ブロック会」は以前は学校を会場として開催していましたが、最近は学校をお借りできる環境から離れてしまっていて、塩尻市の市民交流センター2階にあるフリーコミュニティの空間を利用しています。

公共の施設は有料のところがあるでしょうが，その場合には施設使用料が減免される場合もあるかもしれません。その場合は，その施設の窓口担当者に減免申請書を提出する必要があります。有料の場合，窓口で相談してみるとよいでしょう。無料で借用できるところがあれば，それに越したことはありません。

　最後に民間の有料施設です。都市部には個室の10～20人くらいで活用できる貸し会議室を提供している施設がありますので，利用価値はあると思われます。

　飲み物を取りながらリラックスして実施することを考えた場合，若干周りの音が気になるかもしれませんが，飲食できる店を会場とすることも考えられます。

　手続き上，少しやっかいなところもあるかもしれませんが，『学び合い』コミュニティを創って，いちばん得するのは創ったあなた自身です。

将来の自分への積極的な投資をして

　会場費が必要なるかどうかによって，参加費が必要となるかどうかも決まってきます。民間の有料施設を借用する場合には，会場費のことを考えると，一人1,000円程度の参加費が必要となるでしょう。飲食店での開催となれば，参加者に自身の飲食費の負担をお願いすることは仕方ありません。

　会場費を必要としないような学校や市町村の施設の場合には，参加費を取らずに開催することができます。ただ，用意する飲み物や少しのお菓子について，参加した人から一人100円程度の茶菓代としてもらうことも考えられます。参加者の人に対して，飲食可能なので好きな茶菓の持ち込みができることを事前に伝えておくことも選択肢の一つです。

　『学び合い』コミュニティの運営や参加を，現在及び将来への自分への積極的な投資と考え，自分自身を向上させる道を究めましょう。

どんな人に参加してほしいかを思い描いて
コミュニティを創ろう

『学び合い』コミュニティを長続きさせる大切なポイントは？

　『学び合い』コミュニティを創ろうとするときには，どのような人に参加してほしいのか，どのような人たちと『学び合い』コミュニティを創りたいのか，を考えておくことも，長続きさせる大切なポイントとなります。

　たとえば，次のような人に来てほしいでしょうか。これらの人たちはおそらく，一度はどこかで『学び合い』という言葉を聞いたことがあったり実践したことがあったりする人たちではないかと思います。

- ◆『学び合い』の実践をどんどん進めているベテランの人
- ◆『学び合い』をやっているけど，悩みを抱えていたり不安を持っていたりする人
- ◆『学び合い』のうわさを聞いたけど，『学び合い』が何なのかよくわからない人

　一方，次のような人たちにも来てほしいと思っていたら，どうでしょうか。これらの人たちはおそらく，『学び合い』は知らないけど，今，学校現場で困って悩みを抱えている人たちでしょう。

- ◆気になる子がクラスにいて困っている人
- ◆クラスの中の何人かが授業について行けなくて困っている人
- ◆クラスの中で見捨てられている子がいて困っている人
- ◆学級経営がうまくいかなくて困っている人

『学び合い』コミュニティづくりのポイントは，自分で聞きたいと思っていることや悩んでいることと同じことを求めている人を募ることです。自分が，クラスに気になる子がいて困っていたら，「気になる子がクラスにいて困っている人，この指止まれ！」とキャンペーンすることがポイントなのです。

参加者のニーズによってグループ分けもできる

　あるときの「子どもに学ぶ教師の会中信ブロック会」では，こんなことがありました。

　『学び合い』コミュニティに参加してくる人たちは，その人それぞれの課題を持って参加することが多いので，ニーズも様々です。そこで，自己紹介や近況報告が終わった後，いくつかのグループに分かれてそれぞれのニーズに応じたプログラムを運用させたのです。

　当日の参加者のニーズによって，

> (1) 『学び合い』の実践を報告し合うグループ
> (2) 『学び合い』の課題づくりについて話し合うグループ
> (3) 『学び合い』はどのようなものか聞き合うグループ

の三つに分けて，テーブルを寄せ合って進行しました。(3)のグループは，実際の『学び合い』の考え方による授業が録画されたDVDを参観できるように液晶プロジェクタとスクリーンで投影できる近くの別の空間に移動して展開したのです。

　このときの参加者に大変好評だったことは言うまでもありません。(1)はある程度実践している人たちが集まり，(2)は始めたけれども課題づくりをもっと知りたいという人たちが集まり，そして(3)は，『学び合い』って何なの？　と思っている初めての人たちが集まりました。

　どのようなニーズの人たちが参加するのかは，参加申込を受け付けるときに一緒に聞くことができるようにするとよいです。

コーディネートする役割を知って
コミュニティを創ろう

コーディネータの役割ってどんなもの？

　一般に，地域コミュニティをまとめるコーディネータの役割として次の点があげられています[※1]。

> ▶理念や目的について理解を深め，地域の人々にその意義や必要性を伝える。
> ▶地域内の各組織の活動やメンバーについての情報を収集するとともに，その主要なメンバーと個人的コンタクトを持ち，組織間の連携調整を行う。
> ▶意欲や関心を持ちながらこれまで地域活動に参加していない人に，活動内容を知らせ，参加の要請をする。
> ▶地域内の特技や能力を持った人を把握するとともに，地域を越えたNPOなどの活動についても情報を収集し，それを伝えることによって活動を支援する。

　『学び合い』コミュニティを創るなら，ただ創るだけでだんだんと尻すぼみになっていくようなものではなく，そのコミュニティが長く継続できるように，そしてそのコミュニティに参加してみたいと思う人たちが少しずつでも増えていくようなコミュニティにしたいものです。

一緒にやりましょうと声をかけてみよう

　そのためにはまず，『学び合い』の考え方の理念と目的を知ることです。知るだけではなく，誰かに説明してあげられるようになることを目指しましょう。おそらく，『学び合い』コミュニティに参加してくれる人に説明

してあげる機会があるでしょうから。
　次に，自分の勤務する学校の近くにどんなコミュニティやどんな先生がいるのかについて情報を集めてみましょう。案外，近くに同じことを考えている人がいるかもしれません。また，探してみると案外近くに同じようなコミュニティがあるかもしれません。常にアンテナを張っていると，思わぬ所から好展開することがよくあります。
　そこまできたら，今度は，同じような考えを持っている人に，「一緒にやりましょう！」と思い切って声をかけてみませんか？　誰かから声をかけてもらえないかなあと思っている人が案外身近にいるかもしれません。同じような悩みを持っている人がいる可能性はあるのではないですか？
　そして，探し始めてみると「あそこの△△学校の先生は，実はこんな実践をしているそうだよ。」とか「○○先生は，先日，○△のフォーラムに行ってきたらしいね。」という情報が耳に入ってきます。そうしたら，絶好の機会が到来です。
　そのような人と連絡をとってみて，一緒に『学び合い』コミュニティを協働して創ることができるかもしれませんし，『学び合い』コミュニティに来てもらって話を聞くことができたり出かけていって話をさせてもらったりすることができるかもしれません。
　やってみたいと思ったそのときが，『学び合い』コミュニティを創るそのときです。ぜひ挑戦してみましょう。
　自分で自由にコーディネートできる『学び合い』コミュニティを創ってみませんか。

【注】
※1　池田寛：「教育コミュニティ・ハンドブック」，38-39，解放出版社，2001.より。

アイス・ブレイキングを取り入れた
コミュニティを創ろう

アイス・ブレイキングの時間を取り入れてみては？

　『学び合い』コミュニティを開く際には，会の冒頭にアイス・ブレイキングの時間を取り入れてみてはどうでしょうか？

　アイス・ブレイキングは，学校現場で学級開きのときや野外でキャンプをするときなどに，初めて出会う人と一緒の集団になったときに，お互いの交流を図る上でよく実践される活動の一つです。

　「Ice」（氷）を「breaking」（砕く）という意味です。"凍った氷を砕く"，つまり，これから授業を行ったり野外活動を行ったりする子どもたちの心を解きほぐすということにつながります。

　活動を始める前にコミュニケーションの促進を目的に行う，簡単なゲームのこととととらえてください。

　これは何も学校で子どもたちだけにしかできないものではないので，大人でも研修や会議の前にやってみると，参加者同士の緊張を和らげ，話しやすい雰囲気を作ることができます。アイス・ブレイキングとして取り上げる話題の中に，研修や会議の意義や目的に関わる要素を含めるとさらに効果的になります。

　アイス・ブレイキングを，初めて集まった参加者の心を解きほぐすために，『学び合い』コミュニティでの最初の活動として行ってみてはどうでしょうか。初めて出会う人たちに対しては，その人の良さや特徴を何も知りませんから，この人はこのようなこんな課題を持って来ているのか，と

かそのような考え方をしているのか，といったその人の魅力を引き出す上でも効果的です。

初めての会のときなど，「周りが気になるけど何を話したらいいかわからない…」というときに，お互いに話すきっかけづくりになります。始めてしまえば場が一気に動いて話が始まりますので，あっという間に和やかな雰囲気に包まれます。少人数だったら，全員と話ができたら終了とする方法もよいでしょう。

大勢参加している場合には，小グループに分けて実施することもできます。ゆとりのある空間があれば，椅子を離れて，立ち上がって自由に立ち歩くことのできるような環境の下でアイス・ブレイキングすることも可能です。

内容は，そのときの参加者のニーズに応じて

アイス・ブレイキングの内容は，そのときの参加者のニーズに応じて決めていただいてかまいません。

一般的には，「一度は訪れてみたい国はどこですか，その理由も一緒に語ってください」や「最近行ったいちばん遠い都道府県はどこですか」のようなものが取り上げられます。「あなたの得意なことは何ですか」や「今，いちばん興味を持っていることは何ですか」というものでもかまいません。Webで検索してみるとたくさん出てきますから，参考にできると思います。「『学び合い』でいちばんの関心は何ですか」や「『学び合い』についての疑問や悩みは何ですか」などは大歓迎です。

私は，「自分の誕生日にまつわるエピソードを語ってください」をよく取り上げます。座席も誕生日順に座ってもらうと，自分の隣に自分の誕生日に近い人が座るわけですから，何か親しみを感じて，話しやすくなるように思われます。参加する予定の人が全員集まったら，最初に誕生日ごとに椅子に座ってもらう，そんな工夫もあってよいでしょう。

良い実践を聞いたり悩みを聞いてもらったりできるコミュニティを創ろう

実践を聞くことのできるコミュニティづくりをしよう

　子どもに学ぶ教師の会中信ブロック会のある日のレジュメに書かれていたその日の流れを紹介します。18:30開始の会なので，およそ2時間30分くらいの内容として設定されています。

```
1　自己紹介，近況報告
2　本日の柱（実践報告）
　(1)　○○大学○△先生の発表
　(2)　○○小学校△△先生の発表
3　フリー・トーク
　※日頃の課題やお悩みを解消するために
4　今後の予定・連絡
```

　最初の自己紹介を兼ねた近況報告のときに，初めて参加する人が大勢いる場合には，先にあげたアイス・ブレイキングをすることも効果的です。
　「2　本日の柱」として，2つの発表が用意されています。この『学び合い』コミュニティの主催者が，ぜひ聞いてみたいと思う，あるいは参加した人にぜひ聞いてほしいと思う内容や人から発表してもらうことができます。私も，呼んでもらって『学び合い』の目的や一人も見捨てない教育について話したことがあります。
　『学び合い』コミュニティを創る人間にとっていちばん得になる内容を

選ぶことができます。また，『学び合い』コミュニティに参加してくれる人にとっていちばん得になる内容にすることもできます。

実践を聞いてもらえるコミュニティづくりをしよう

　もう一つは，『学び合い』北信の会のある活動日に配付されたレジュメです。これも，18:30開始なので，およそ2時間30分～3時間の活動として設定されています。

1　自己紹介（近況報告，『学び合い』について感じていること，疑問，話題にしたいことなど）
2　話題提供（日頃の実践の紹介，悩んでいること，困っていることなど，気軽に出してください）またはフリー・トーク
3　今後の予定・連絡

　ご覧いただくとわかりますが，特に柱となる実践の発表が用意されていません。これは，「2　話題提供」のところで，参加者がその場に持ち寄った実践や悩みや困っていること等々の課題を出してもらって，学び合おうという主旨が読み取れます。

　このような設定にしておくいちばんの利点は，なんと言っても，自分の実践を持って参加することができることです。『学び合い』コミュニティを創って，自分で課題を持って臨み，自分で話題提供してそれについて参加した人たちからいろいろな意見やアドバイスをもらうことができるのです。自分にとって，何よりの得になる方法です。

　自分で『学び合い』コミュニティを創るいちばんの利点は，やはり何と言っても自分の日頃の課題を取り上げて話題提供し，それについていろいろな人たちからアドバイスしてもらうことができるところです。

　自分の実践や悩みを聞いてもらえる『学び合い』コミュニティを創ってみませんか。

『学び合い』の考え方の良さを体感できるコミュニティを創ろう

『学び合い』の考え方は，コミュニティでも当てはまる

　『学び合い』の三つの考え方は，子ども観，授業観，そして学校観です。

　子ども観は，学びの主体が子どもであるのでそのようにとらえられるのですが，学びの主体が大人であっても当てはまります。その場合は，学習者観の表現が相応しいでしょう。

　授業観は授業が対象なのでそのように表現されますが，対象を一般的な活動として当てはめて考えてみると活動観となります。「活動を企画するあるいは主導する者は，活動の目標を設定し，環境を整え，評価するものであるという考え方」となります。

　学校観は目的に直結するものです。学びの場をコミュニティとして当てはめると，「コミュニティは，多様な人と折り合いをつけて自らの課題を達成する経験を通して，その有効性を実感し，より多くの人が自分の同僚であることを学ぶ場であるという考え方です」となります。『学び合い』コミュニティとしてとらえても同様です。

　『学び合い』の考え方は，学校教育だけでなく，一般社会での諸活動についても当てはめることのできる考え方です。ですから，『学び合い』コミュニティでの活動を進めるに当たっても，その考え方で実施することが可能です。

『学び合い』コミュニティは多様な人と折り合いをつけて学ぶ場

　『学び合い』コミュニティづくりのポイントは、参加者の問題解決に向かう力の有能性を信じて任せ、目標を設定して環境を整え、評価する手法を取り入れることです。『学び合い』コミュニティ観とも言えるものを持っていれば、『学び合い』コミュニティは、多様な人と折り合いをつけて自らの課題を達成する経験を通して、その有効性を実感し、より多くの人が自分の同僚であることを学ぶ場なのですから、参加者自らがその効果を実感するはずです。

　『学び合い』コミュニティづくりに当たっては、下の写真のような「本日の課題」と「課題が達成できた・課題が達成できなかった」の欄を作成して、目標設定と評価の場を用意してはいかがでしょうか。

　そして、「歩き回ったり、話し合ったりしてOKです。どこに行っても誰と話してもOKです。自分から行動して、困ったら他の人に助けてもらったり、困っている人がいたら助けてあげたりして、全員が目標を達成できるようにしましょう。さあ、それでは始めましょう。」と自由な活動を促してあげることのできる時間帯を用意しておきましょう。そのためには、フリー・トークの時間を確保しておくことがよいでしょう。

　時間になったら、自己評価してもらって「課題が達成できた人は手を挙げてください」と参加した全員にわかるように評価します。

　まさに、『学び合い』の考え方による活動です。

　『学び合い』の考え方を体感できる『学び合い』コミュニティを通じて、良さをより一層実感できるはずです。

行動する自分に変身できるコミュニティを創ろう

『学び合い』の考え方の良さは自ら考えて行動を起こすところ

　『学び合い』の考え方の良さの一つは、その考え方を受け止めた子どもたちが、自分で考え、判断して、自分から行動を起こすようになることです。それは決して一人だけに見られる特徴ではなく、集団の中にいる子どもたち全員に表れる特徴なので、素晴らしいことと言えます。

　それは、『学び合い』の考え方が集団の中の子どもたち一人一人の力を有能であると認め、その存在を承認した上で、活動を任せてもらえることによります。つまり、目標達成に向けた手段を自ら自由に選択することができる環境が、設定された時間の中において保障されているからです。それも、一人の例外もなく、つまり誰一人として見捨てられている人がいない状況になっているからです。

　加えて言えば、全員の目標達成をどのように進めたらよいのか、どのようにしたら全員が目標達成できるのかについての方法の選択、決定が自分たちの意思で可能であることです。

　これは素晴らしいことで、まさに民主的な集団づくりの基盤を、毎日の教科の授業で繰り返し経験することができることにつながります。

　そこでは、一人として、教師に行動を強いられることはありませんし、子ども同士で強制し合うこともありません。行動させられる自分はいません。そこにいるのは、自分で考え、自分で判断し、そして自分から動き始めるような、行動する自分がいるだけです。

『学び合い』の考え方

　この『学び合い』の考え方で『学び合い』コミュニティを創ってみたらどうなるでしょうか。

　そこには，先にあげた子どもたちの様態が，『学び合い』コミュニティに参加した人たちに現れてきます。

　それは，『学び合い』コミュニティで，参加者全員の目標達成が求められ，会話も立ち歩きも自由の下，その達成に向けた方法が参加者自身に委ねられ，全員が目標達成したかどうかが評価されることにより，参加者自らが持っている問題解決に向かう有能な能力が発揮されるのです。その環境が保障されているのですから，自分から聞いてみよう，自分の悩みを聞いてもらおうという意欲がわいてきます。

　左の写真は，ある『学び合い』コミュニティでのフリー・トークの時間での1コマです。「あれ？さっきまでテーブルの反対側で他の人と話していたのに，いつの間に」と思ったので記録に残しておいたものです。誘われたわけでなく，招かれたわけでもなく，自分で考えて行動を起こした結果でしょう。

　自分の思うところを相手に伝えたい，相手の困っているところをなんとかしてあげたいという気持ちは，場所を選びません。椅子があろうがなかろうが，自ら行動を起こすことができるようになれるものです。

　『学び合い』コミュニティづくりのポイントは，実践している先生の話を聞くことも有意義なことですし，理論を学ぶことも大切ですが，プログラムの中のどこかにフリー・トークの時間を確保しておくことです。その時間を使って，参加者は誰とでも自由に会話し，どこへでも自由に立ち歩き，相互に有用な情報を交換し合うことができるのです。それが，『学び合い』コミュニティの良さです。

相談し合えるコミュニティを創るコツ

学校に登校できない子どもがいたときに

　私が義務教育の学校現場に勤めていた頃，学級担任をしているクラスの中に，なかなか学校に登校することができない子どもがいたことがあります。20年以上前のことで，当時はインターネットなど整備されている時代ではなく，情報は書物等の限られたところからの入手しかない頃です。コミュニティという概念も田舎に浸透している時代ではなく，自分の経験でなんとかするか，勤めている学校の中で一緒に勤めている同僚の経験知をもらうことくらいしか手段はありませんでした。

　毎日，「一人でどうしたらよいかわからないから，困ったなあ」「誰か相談に乗ってくれる人はいないんだろうか」という気持ちで過ごしていました。当時は，学級担任なのだし，新採用ではない（学級担任としての経験を何年もしている）のだから，一人でなんとかして当たり前という暗黙の了解が知らず知らずのうちにあり，一人で悩んだものです。誰かに相談したいのですが，相談してよいかどうかも迷ってしまい，相談すること自体もためらわれてしまっていました。

　そのときは，たまたま，勤めていた学校に，多様な教育的ニーズに対応してきた経験を多く持つ教員が一緒に勤めていたので，その教員と相談しながら，粘り強く対応を続けることができました。

　情報があまりない中で，それも個別の異なった状況を抱えている子どもたちに対する対応として，ずいぶん苦慮したことを覚えています。

クラスの中で誰からも相手にされない子どもがいたときに

　また，別のクラスを担任したときには，クラスの中に誰からも相手にされない子どもがいて，その子が気になって仕方がなかったときがあります。修学旅行の班を決めようとしても，その子だけが取り残されてしまって，クラスの中で誰も相手にしてくれないのです。

　そのときも困りました。他のクラスではどんどん決まり事が順調に決まっていって，自分のクラスだけ思うようにいかないのです。修学旅行の全体の打ち合わせ会になると，肩身の狭い思いをしたものです。

　結局，誰にも相談できずじまいでした。最終的には，同じクラスメイトの子どもたちになんとかお願いして同じ班として行動してもらうことを了解してもらったのですが，当時を振り返ってみると最善の方法であったかどうか疑問が残ります。

　二つの例をあげましたが，あなたには相談したくても誰に相談してよいかわからないし，同じ校内の管理職や同僚には今さら聞けない恥ずかしさがあるという困りごとや悩みごとはありませんか？

　自分が悩んでいることや困っていること，近くの学校の先生が困っていることや悩んでいることを，気軽に出し合って相談し合える，そんなコミュニティを創りたいものです。

　そのためには，通り一遍の発表を聞くだけでなく，聞いた後に自由にわいわいがやがやと語り合える時間と空間を保障できるプログラム（たとえば，フリー・トークの時間を取り入れる等）を組み入れたコミュニティを目指しましょう。

　それが，一人ではないことを実感し，気軽に相談できる文化を醸成していくことにつながるのです。『学び合い』コミュニティの良さでもあります。

気軽に『学び合い』の実践を試行できる
コミュニティを創ろう

実践を聞いたら，実際にやってもらって次回に語ってもらう

　『学び合い』の実践を聞いたら、やってみることができるように、お互いに薦め合える文化を創り出すことがポイントです。『学び合い』コミュニティの良いところは、3時間ほどのプログラムの中に、30分程度の「フリー・トーク」が入っていたり、プログラムが終了してから自由に歓談できたりするところです。さらには、3時間のプログラム終了後に、簡単な食事会が用意されていれば、そこでの情報交換も期待できるところです。

　「『学び合い』コミュニティに行けば、フリー・トークの時間があるなあ」と思ってもらえれば、もう大丈夫です。自分の抱えている悩みを聞いてもらったり迷っている不安を払拭してもらえるきっかけをもらったりすることができます。また、自分の実践を提供したり周りの人たちの実践を提供してもらったりすることができるようになります。

　これが『学び合い』コミュニティづくりの大きな利点なので、ぜひ取り入れたいものです。

　それができたら、次の回のときに取り組んでみた結果を報告してもらう機会を設けることが次のポイントです。

　悩んでいることがあった人には、その悩みがどうなったのかを次の機会に語ってもらうのです。迷っていて不安だった人には、その後、その迷いはどうなったのかを語ってもらってください。実践を提供してもらった人には、自分の学校に戻って実際にその実践を自分でやってみてもらって、

その次の機会に，ぜひその実践してみた結果を語ってもらうとよいです。

　それも，子どもたちが見せてくれた事実を持ってきてもらうとさらによいです。子どもたちの書いた文章や絵や図，子どもたちがしゃべった会話の映像，子どもたちが行動を起こした実際の映像，子どもたちの生の声，等々です。

　それらは，子どもたちが綴ったものであれば本物を，子どもたちの声や行動であれば録画されたDVD等のハードを，『学び合い』コミュニティに持ってきてもらって参加してくれたみなさんに見てもらうことをお勧めします。

　それが，気軽に『学び合い』の実践を思考できるコミュニティを創る大切なコツです。子どもたちの姿で語り合えることも，『学び合い』コミュニティの良さです。

　長野県にある『学び合い』コミュニティの一つ，子どもに学ぶ教師の会中信ブロック会では，『学び合い』を実践した先生が参加した他の先生からの要望で，教科の単元の課題一覧表を持ってきて提供することがよくあります。

　「この単元ではどんな課題にしたらよいか迷っているんです」「その単元なら去年やりましたよ」「この単元は，どんな課題で流したんですか？」「次回に持ってきてあげますよ」という展開になるのです。

　『学び合い』の考え方による授業では，目標づくり（課題づくり）が重要なポイントとなりますので，どのようにして目標づくり（課題づくり）をするかによって，授業者の満足のいく授業ができるかどうかが決まってくるからです。

　困っていることがあったら，みんなで経験を出し合って語り，語られた人が次の回にその実践の様子をまた語る，その繰り返しが気軽に『学び合い』の実践を試すことのできるコミュニティを創っていくのです。

参加者の声を反映できるコミュニティを創ろう

参加したメンバーからの提案を次に生かそう

　『学び合い』コミュニティは，学校で開催されることが多くあります。会場を借用しやすいことと，近隣の学校から集まりやすいことがその要因となっています。

　長野県の『学び合い』北信の会でも，毎回，金曜日の夕方から夜にかけて学校を会場にして開催していました。ただ，金曜日とはいっても，夕方に会場に向かおうとなると退勤のラッシュ時と重なってしまって，通常20分程度で移動できる距離を1時間以上かけないと移動できない状況が見られました。

　参加したメンバーの中から，「一度，会場をもう少し移動時間のかからない場所にしたらどうか。たとえば，信大の教育学部もその一つだと思うんだけど，どうでしょうか。」という案が出されました。信州大学教育学部だと，比較的集まりやすい場所にあり，移動にもそれほど多くの時間をかけずとも集まることのできる場所の一つです。

　そこで，次の回の試みとして，参加者の提案を取り入れて，会場を変更することとしました。通常よりも，参加者が多く集まり，なかなか好評であったことから，今も続いています。

　大学を会場として実施することは，院生や学生が参加しやすい環境が整う点でも利点があります。

　『学び合い』コミュニティが，企画，運営を協働の視点で進めているこ

とによる良さであると言えます。

　参加メンバーからの提案による『学び合い』コミュニティの運営は、会場の決定だけでなく、当日のプログラムの内容についても効果的です。

　『学び合い』コミュニティの企画は、通常、主催者が決めることになりますが、臨床授業研究会ではその内容を参加者の発案によって決まったことがあります。

　会のプログラムが順調に進んで、次回をどうしようかという話題になったとき、「実際に『学び合い』の授業をやってみると、授業の目標をどうやって作ったらよいかが難しいと思います。理科の単元の目標を創っていきたいと思いますが、そのときに〇〇先生から作り方のコツを話してもらえるとよいと思います。そうすると、自分の作ってきた目標と比較することができますから。」という提案をした参加メンバーがいたのです。

　そのように迷っている人がいるなら、次回は〇〇先生から授業の目標づくりの話をしてもらって、実際の授業の様子を見ながらみんなで語り合おうということになったのです。まさに、参加者がみんなで協働していくコミュニティであると言えます。

　次の回のコミュニティでは、話題提供者の経験と、上に書いた提案者の経験が相互に披露されて、参加者の間で経験と経験が相互交換され、学びが充実したことは言うまでもありません。一緒に創り上げているという文化が醸成された瞬間です。

　『学び合い』コミュニティは、参加者の案を多様に反映することのできる点が良さであると言えますが、そのことがずっと続けることができる要素でもあり、またよりよいものに充実させていく要素でもあると言えます。

一緒にやれるコミュニティを創ろう

参加者がウイン−ウイン（win-win）の関係

　『学び合い』コミュニティの良いところは，参加する人たち一人一人がすべてウイン−ウイン（win-win）の関係になっていることです。それは，どちらかが主でどちらかが従であるということではないのです。

　一般に，コミュニティというと，主催者がいますから，その主催者が主体となってコミュニティに参加する人たちが加わることをイメージします。コミュニティを主催する側の立場の人たちが何かプロジェクトを企画して実践しようとしたり活動やイベントを運営しようとしたりするときには，主催する立場の人たちが主体となってイニシアチブを取り，参加する人たちが最初から加わる（参画）か，途中から加わる（参加）かの様態となります。

　大学の先生を呼んで，理論を聞いてもらって質疑応答をして終わるとか，経験の豊かな実践者を招いて実践の成果と課題を話してもらって質疑応答があって終わるようなプログラムが，それに該当します。一方通行で終わってしまうので，どちらか片方はウイン（win）でしょうが，他方はウイン（win）にはなりにくいのが実態です。

　しかし，『学び合い』コミュニティは，それでは終わりません。

　大学の先生を呼んでも学校現場の先生を呼んでも，プログラムの中に必ず複数の話題提供者を用意して，その話題提供が終わったら，会場の空間に話題提供者から別々に位置してもらって，参加した人たちからはその間

を自由に行き来しながら自由に質問したり語りを聞いたりしてもらえるように工夫します。

```
┌─────────────────────────────┐
│           正面              │
│ ○話題提供者                 │
│                 話題提供者○ │
│ ○話題提供者                 │
│                 話題提供者○ │
│ 入口                        │
└─────────────────────────────┘
```

それが，話し手と聞き手の自由な語り合いを生み出すとともに，話題提供者も参加者の持ち込んだ悩みや実践から学ぶことができますし，参加者も話題提供者から自由に学ぶことができる環境を創り出すのです。

まさに，両者にとってのウイン－ウイン（win-win）の関係ができあがります。

参加者が10人前後の少人数のとき

参加者が10人前後の少人数のときは，話題提供者の立ち位置を考えることも必要ありません。自由に動き回ることのできる空間を用意しておいて，立食ならぬ立会話（立話）によるトークがお勧めです。

椅子に座っていると，どうしても隣の人ないしは向かい側の人とだけ会話する傾向が強くなります。特に，初めて参加する人がいるような場合にはなかなか自分の悩みごとなどを語りづらいものです。

そのようなときには，A4版の画板でも用意して渡しておき，立ってもらって動き回りながら語り合ってもらうのが効果的です。

また，「今日は，初めての人と必ず1回は話しましょう」や「全員と話しましょう。相手と話すときにはお互いにサインをもらってください」などと促すことも効果的です。「一緒にやりましょう」というメッセージを伝えることがコツです。

良さを広報できるコミュニティを創ろう

何か怪しげな会のような感じがして迷ってしまう

　ある教員研修の会に参加したときのことです。一人の理科の先生から，次のようなことを言われました。その先生は，積極的に理科の研修に参加していて，もっと自分を高めたい，子どもたちのために授業改善を果たすためにできることは何かを考えて，その都度，研修に参加されているとのことでした。

　その先生に対して，定期的に行っている『学び合い』コミュニティの話をしたところ，次のような内容の返事が返ってきたのです。

　「そう言えば，学校になんかチラシが来てたんですけど，いろいろな会と同じで，何か怪しげな会のような感じがして，参加してもよいものかどうか迷っていました。そういう目的の会だとは知りませんでした。そういう会だったら私も参加したいのですが，私のようなものが参加できる会とは思いませんでした。」（下線は筆者が引きました。）

　この先生の言ったことは，おそらく，学校現場の大勢の先生が感じていることなのではないでしょうか。特に，下線を引いたところは，広報するときのポイントだと思います。

　第一に，怪しげな会なのではないかという心配です。これに応えるためには，できれば都道府県ないしは市町村の教育委員会から後援をしてもらうことがよいです。教育委員会が無理ながらそれに代わって，怪しげではないと証明してくれる組織や団体でもかまいません。毎月開いているコミ

ュニティであれば，毎回の後援申請の手続きは大変なので，初めてのときに1回だけ申請すれば後援を受けたという実践ができますから信用されるようになります。会場を学校にすることも，心配を払拭する良い方法です。

次に，目的を語ることです。『学び合い』コミュニティは，一人も見捨てないことを大切にした『学び合い』の三つの考え方を共通の目的とするコミュニティです。学校現場で困っている先生を一人も見捨てないことを目指します。

そして，参加資格についてです。どのような人が対象となっているのかがはっきりと案内の読み手や参加しようかどうか迷っている人たちに伝わることがポイントとなります。

より多くの人たちから参加してもらえるようにするためには，一般に次のことが必要だと言われています[※1]。

- ✓ 活動の動きを知らせるため，できるだけ広報の発行回数を多くする。
- ✓ 地域内のできるだけ多くの人に届くようにする。
- ✓ 人々の意欲やエネルギーを誘導するものにする。
- ✓ 活動の具体的な中身を紹介する。
- ✓ 見る人の視覚に訴える工夫をする。

これらのことから考えると，『学び合い』コミュニティを創って初めて広報するときには，その目的やどのような人たちに集まってほしいのかをアピールするようにするのがコツと言えます。

何回か始めてみた後には，実際にどのようなことをやっているのか，始めた『学び合い』コミュニティにはどのような魅力があるのか，参加するとどのようなメリットがあるのかを具体的に伝える工夫をすることがコツと言えます。

【注】
※1 池田寛：「教育コミュニティ・ハンドブック」，40-42，解放出版社，2001.

良さを共有できるコミュニティを創ろう

居心地の良さを感じる『学び合い』コミュニティにできる

　『学び合い』コミュニティの良さは，そこに居心地の良さを感じることができる点をあげられます。ここまで読んでくれた読者にはすでにおわかりだと思いますが，それは次の文化が醸し出しているものです。

◎自分が認められている文化を持っている良さ

　『学び合い』コミュニティの良さとして真っ先にあげられるのは，コミュニティ内で一人も見捨てられていない文化が浸透している点です。自分は一人ではないのだということを実感できる安心感があります。

　自分が見捨てられていない，認められているという文化を享受することができたら，それを新しく加わる人や初めて会う人たちにも伝えていくことが大切です。それが文化の共有が起こり，継承につながります。

◎子どもを語る文化

　『学び合い』コミュニティでは，子どもたちの学校での学びの実際を語る文化があることを見逃せません。子どもたちの生の様子を持ち寄って語り合えます。子どもの書いた生のプリントであったり子どもたちの生の言動が視聴できるDVDであったり，目の前で展開する子どもたちの様子を見ながら，みんなで語り合える文化を持っています。

◎気軽に相談できる相手が存在する良さ

　相談相手がいるということは，仲間がいるという良さでもあります。また，自分の悩みや不安，困っていることを解決するきっかけをつかむこと

ができる良さでもあります。自分が困っているときに助けてくれたり相談に乗ってくれたりする仲間がいるということほど，心強いことはありません。自分がやろうとしていることについて，後押ししてくれる勇気をくれる仲間がいることも心強いことです。

◎協働できる良さ

　誰かが主体となってイニシアチブをとって一方的にウイン（win）を堪能しているのではなく，参加している全員が主体となって相互にウイン－ウイン（win-win）の関係が成り立っている文化が醸し出されています。前者の場合，それぞれ独自の役割を担って「こちら」と「あちら」の意識が残るが，後者の場合は役割の相互交換が自然発生して「われわれ」の意識が芽生えます。そのコツは，「一緒にやりましょう！」を合い言葉にすることです。聞く人も経験を伝える人も，共に得する文化を持っているのが『学び合い』コミュニティです。

　一緒にやってみることの良さを体感することができたら，それを次の人たちにもバトンタッチすることが大切です。文化の共有はそこから始まります。一緒にやることの素晴らしさを周りの人たちと共有できるのが，『学び合い』コミュニティです。

◎気軽に実践できる文化が醸し出されている良さ

　経験した人から経験したことを経験した事実とともに受け取ることができる良さがあることも，居心地の良さを感じさせる要因の一つです。

　『学び合い』授業の目標づくりについて，経験を多く持っている人たちから，実践した目標一覧とその結果を聞くことによって，明日からの自分の実践に生かすことができます。さらに，その実践をフォロー・アップしてさらに改善を図ることも可能です。伝えた人も学べます。

　一つの実践が次の実践を生み，その改善された実践がさらなる次の実践につながる連鎖が生まれます。気軽に実践できる文化の共有は，このようにして連鎖的に起こります。

　居心地の良さを参加者で共有できる『学び合い』コミュニティを創るコツは，上記の5つの文化を醸成することにありそうです。

活動の充実とネットワークの強化がカギとなる
コミュニティを創ろう

活動の中身を充実させる工夫を

　『学び合い』コミュニティの継続的な実践のコツは，活動の充実とネットワークの強さを保つことです。

　また，『学び合い』コミュニティは，全員参加がタテマエになっていて幅広い参加者を構成員としているコミュニティとは異なり，自主的参加であるため，参加メンバーに主体的な参加意識がはっきりしています。また，活動の目的が明確で機能的です。それはネットワーク型組織とも呼ばれます[1]。活動が形骸化して組織が形だけのものになったり一部の人たちに得を独占されたりすることを避けることができます。

　自主的参加を促す魅力あるコミュティを提案し続けなければなりません。そのためには，活動の中身を充実させていく工夫が必要です。

　自らの実践を自慢するような発表を企画することは避け，コミュニティに自主参加した人が誰でも一緒にできるのだという文化を持ち続けることです。発表された実践は，持ち帰って明日からでも試みることができるという意欲を持つことができるようにします。その実践に使ったワークシートや資料，授業の目標や評価のプリントを実際に持ってきてもらって配ることも，参加した人にとっては嬉しいことです。その意味では，発表者に依頼する内容や発表し終わった後の時間の使い方も一工夫が求められます。

　また，悩んでいることや困っていることを持っている人から話題提供してもらうことも一つの選択肢です。案外，同じような悩みや不安を抱えて

いる人がいることがありますから，話題として提供してもらったことに関して，参加した人たちのそれまでの経験を出し合ってもらう展開も有効な工夫になります。

あちこちにアンテナを張って，今どのようなことで悩んでいる教員が多いのか，どのようなことに関心が持たれているのか等について，情報を収集しながら魅力ある中身を考えていきましょう。

ネットワークを強化する工夫を

次に，ネットワークを強化させていく工夫，つまり人と人とのつながりをより多く作っていく工夫が必要となります。

「あ，そのことなら○○先生が実践してました」や「それは，○○先生に聞いた方がいいよ」といった情報が，困っている人や実践を知りたい人と経験者とをつなぐ貴重な橋渡しとなります。言わば，人と人をつなぐコーディネータの役割を果たすことができる工夫をすることです。

ですから，参加した人の経験や実践をその都度積み重ねていくことが大切です。それがやがて，どの先生がどのような経験を持っているのか，どのような実践をしているのかについての簡単なデータ・バンクに仕上がります。

『学び合い』コミュニティに参加すると，そんな情報を得ることができるとなれば，参加する人にとって得になります。『学び合い』コミュニティを案内するときに，片隅にそんな情報も載せられるとグッドです。

参加した人のデータの蓄積と活用が，人と人とをつなぐネットワークを広げていく原動力につながっていくのです。

【注】
※1　池田寛：「教育コミュニティ・ハンドブック」, 27, 解放出版社, 2001.

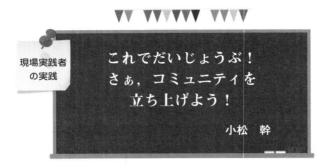

小松　幹

なぜ私がコミュニティを立ち上げたのか

　私が『学び合い』コミュニティの一つ、「子どもに学ぶ教師の会中信ブロック会」を立ち上げたのは2009年4月でした。前年の2008年の1年間、私は現職の教員専門研修として学校現場を離れ、信州大学教育学部三崎研究室で『学び合い』を学ぶ機会をいただきました。

　この1年間の研修期間中に全国には多くの『学び合い』コミュニティが存在していることを知りました。そこで実際にいくつかの『学び合い』コミュニティに参加してみると、そこには参加者同士が互いに学び合う姿がありました。そして、コミュニティに参加された多くの方と互いに学び合うことがとても心地の良いものであることを知りました。

　1年間の研修を終え現場に戻った4月、『学び合い』の考え方による授業実践を新任校でスタートさせました。残念ながらこのとき、勤務校には『学び合い』の考え方で授業実践をされている先生はいませんでした。『学び合い』の授業について悩んだとき、相談をしたくても校内にはその相手がいない状況でした。そんなとき、頭に浮かんだのが『学び合い』コミュニティでした。

　その当時、長野県内にはすでに『学び合い』コミュニティが一つあり定期的に開催されていました。しかし、その会場は私が勤務していた学校から約100km、高速道路を利用しても自動車で約1時間半はかかる場所でした。簡単にコミュニティに参加することは叶いませんでした。そこで、自

分の悩みを解消するのと同時に、自分と同じように悩みを持たれている方の力になれればと、自分でコミュニティを立ち上げることにしたのです。

まずは『学び合い』コミュニティに参加してみよう

私が『学び合い』コミュニティの立ち上げを決意した大きな要因は『学び合い』コミュニティの良さに共感したからです。現在、全国には多くの『学び合い』コミュニティが存在しています。まずは、『学び合い』コミュニティに参加してその良さを実感してみましょう。そして、自分の手で『学び合い』コミュニティを立ち上げてみましょう！

次は準備会を開いてみよう

『学び合い』コミュニティを自分の手で立ち上げようと考えたとき、「本当に人が集まるのだろうか」、「開催曜日や時間はいつがよいのだろうか」等々、不安になることがいくつもあることでしょう。そこで、準備会（プレ会）を開いてみることをお勧めします。

私も、「子どもに学ぶ教師の会中信ブロック会」を立ち上げる際には、賛同してくださっていた数人の方に声をかけ、コミュニティの運営に関わる基本的な内容を相談するために準備会を開きました。

準備会ですので、ラフな感じが良いと考えて、勤務後に夕食をとりながらの形で実施しました。この準備会で「会の目的」、「会の呼称」、「会の開催時期や頻度」、「会場」等が具体的に決まりました。翌日、会場として勤務校を使うことを校長先生に相談し、許可をいただきました。

準備会で不安に感じていた点を相談できたこともあり、コミュニティの立ち上げが現実味を帯びてきたのを覚えています。

さぁ、コミュニティの告知をしよう

コミュニティの開催日時や会場が決まったら、次にその情報をどのように告知していくかが重要となります。私もコミュニティの立ち上げから今日まで、いくつかの方法で、コミュニティの開催の告知を行ってきました。

コミュニティの立ち上げ当初は，コミュニティに賛同してくださっている方へ個人的にメールやFAXで連絡したり，自分が別の『学び合い』コミュニティに参加した際にその場でコマーシャルをさせていただいたりと，いわゆる口コミ的な方法で告知をしていました。

　コミュニティも回を重ね，次第に参加される方が増えてきたころからは，参加者の皆さんの同意を得た上で，専用のメーリングリストを作成し次回の告知をメールで行うようにしました。こうすることでコミュニティの継続性は高まっていきます。

　さらに広汎性や多様な方々のコミュニティへの参加を考えると，イベント告知のウェブサイトやSNS等を利用して告知をしていくことがよいでしょう。実際，私が主催する『学び合い』コミュニティ「子どもに学ぶ教師の会中信ブロック会」でも現在はメーリングリストに加え，イベント告知の無料ウェブサイトも併用しています。

　また，勤務校をコミュニティの会場として開催する場合は，同僚の先生方に告知することをお勧めします。これは，同僚の先生方へのコミュニティへの参加を促すとともに，不信感を払拭することにもつながります。勤務時間外とはいえ，突然，見ず知らずの人が自分の学校に多数訪れてよくわからない会を催していたら「何をしているのだろう？」，「どんな人たちの集まりなんだろう？」とあやしげに思うことでしょう。同僚へきちんと告知をしていくことは大変重要なポイントとなります。私の主催するコミュニティでも，勤務校の先生方に告知をし，実際に参加いただいたことで，他の先生方へのコミュニティの認知と理解へつながっていきました。言うまでもありませんが，管理職の先生方にはコミュニティの趣旨や参加される方についての告知をていねいに行いましょう。

多様な参加者が集まるコミュニティを目指そう

　『学び合い』コミュニティでは，参加者同士が『学び合い』の考え方で互いの悩みや疑問点を解決するために行動をします。悩みや疑問点の解決のためには多様な考えの方に参加していただくことがいちばんです。たと

えば，義務教育の先生方だけでコミュニティを開くより，高等学校，高等専門学校，大学等々，校種が異なる先生方が集まることで多様性が増し，悩みや疑問点を解決するための『学び合い』の質が高まります。私が主催するコミュニティでも今までに，役職を例にとると，教諭，講師，支援員，指導主事，教頭，校長，大学教授と多様な職種の方が参加をされています。また，職種で見ても，塾経営者，大学生や大学院生，医療関係者，報道関係者と教職員以外の多様な方々が参加されています。一方，多様な方々に参加いただくためには，先にも書いたとおり，いかに広く告知を行っていくのかが肝要となってきます。

また，コミュニティの開催日時についても，特定の日時に固定をせず，「金曜日の夕刻開催」，「土曜日の日中開催」等々，色々なバリエーションで実施してみるのもよいでしょう。さらに，コミュニティへの参加自体についても「途中参加可・途中早退可」，「懇親会のみの参加も可」，「お子様連れでも可」等，フレキシブルに対応することで参加への敷居が低くなり，多様な方々が集まることへつながっていきます。

コミュニティの企画（内容）はこう考えよう

毎回のコミュニティの企画や内容は主催者の意図が大きく影響をします。参加した方が「参加してよかった！」，「また参加してみたい！」と思えるような企画や内容を考えましょう。

◎「フリートーク」は必須

私が主催するコミュニティはもちろん，多くの『学び合い』コミュニティに「フリートーク」の時間が設定されています。先にも書きましたが，『学び合い』コミュニティでは，参加者自身が自分の悩みや疑問点を解決するために行動します。この「フリートーク」の時間こそ，参加者が自らの悩みや疑問点を解決するために欠かせない時間です。場合によっては，その会のすべてを「フリートーク」の時間にあてることもよいでしょう。さらに，コミュニティ後に懇親会等を設定することで「フリートーク」の時間はさらに増え，参加者の疑問点や悩みの解消へとつながっていきます。

◎参加者のニーズに応えよう

　私が主催するコミュニティでは「本日の柱」と題して，実践報告等の発表の時間を位置づけることがあります。この発表については主催者である私も含め，参加されている方の「〇〇先生の算数の実践を知りたい」，「〇〇先生に◇◇のことについて話してもらいたい」というリクエスト（ニーズ）によって計画をしています。

　また，私の主催するコミュニティでは，会の冒頭に参加者全員に自己紹介として，近況報告や参加された目的を話していただく時間を設定しています。この自己紹介の様子から，参加者のニーズに合わせていくつかのグループに分かれ『学び合う』ことも効果的です。先にもありますように，ある回の私のコミュニティでは，参加された方のニーズに合わせて，①『学び合い』の実践報告，②『学び合い』の課題づくり，③『学び合い』とは，の三つのグループに分かれて会を進めたことがあります。またあるときには，参加された方から「近々，研究授業があるので，指導案を検討してほしい！」というリクエストがあり，参加者全員で校内研究会のように指導案の検討を行ったこともありました。いずれにせよ，参加者のニーズを第一に考えたコミュニティの企画を行っていきましょう。

コミュニティ同士の連携をしよう

　私が住む長野県には，現在三つの『学び合い』コミュニティが存在し相互に連携しあっています。私は自分が主催するコミュニティ以外の二つにも定期的に参加しています。さらに，長野県の隣県である新潟県，山梨県の『学び合い』コミュニティにも参加することがあります。以前，県を超えて新潟・山梨・長野の五つのコミュニティが共同して会を開いたことがあります。（新潟・山梨・長野と言えばご存知の方も多いように，戦国の勇であった越後の上杉謙信，甲斐の武田信玄の二人にゆかりの地。それになぞらえて二人の合戦の地が長野県の川中島であったことから，この会を「川中島の会」と名付けました。）このように複数のコミュニティが互いに連携（コラボ）し合うことで，それぞれのコミュニティの持ち味や工夫点

を知り，コミュニティ運営についての新たな視点を得ることもできます。

　私が『学び合い』コミュニティを立ち上げて5年半。今の私にとって，『学び合い』コミュニティは自分の悩みや疑問点を解消するために無くてはならない存在となっています。さぁ，あなたも自分の手で自分の『学び合い』コミュニティを立ち上げてみましょう！

第 4 章

学校同士の『学び合い』
コミュニティでつなげよう！

学校現場の悩みを解消できるように
『学び合い』コミュニティでつなげよう

🎆 日頃の悩みを解消できるコミュニティに

　さあ、第4章では、子ども同士が協働できる、学校同士の『学び合い』コミュニティについてみていきましょう。
　ある学校に行ったときのことです。その学校は、数年前から『学び合い』の考え方を取り入れた授業を全教科で研修している学校で、前年度まで勤めていた校長先生が熱心に学校経営に『学び合い』の考え方を取り入れているところでした。全校音楽の時間があって、その全校音楽のときに『学び合い』の考え方で授業をしているほどで、まさに異学年の必修音楽の授業が展開していた注目の学校です。
　そのときも、『学び合い』の考え方による授業が公開されて、その授業を参観させてもらった後に、校長室で授業のことやら研修のことやらを話していました。その日は、校長先生が出張でいらっしゃらなかったのですが、「一つのクラスでの『学び合い』の考え方による授業がこれだけ展開していて、全校音楽で異学年の『学び合い』が実践されているのですから、さらに一歩進めてはいかがですか。学区の小学校と一緒に『学び合い』コミュニティづくりができますよ。」と、教頭先生に話したのです。
　そうしたところ、教頭先生が次のように言ったのです。印象に残る内容でした。
　「前の校長先生は、常々『小学校となんとか連携して中1ギャップを解消したい』とおっしゃっていたのですが、実現できずに退職されました。

それを聞いていたら、どれだけ喜んだことでしょう。」

その学校は、中1ギャップと呼ばれる、中学校第1学年になったばかりの中学生が学習や生活の変化にうまく対応できずに不登校等になってしまう等の現象が現れる課題に頭を悩ませていたようです。

もし、その学校で、全校音楽で実践していた異学年の『学び合い』の考え方による授業の成果を基に、学区の小学校第6学年の子どもたちと一緒に異学年の授業を実践することができれば、課題を少しは解消できるきっかけをつかむことができたのかもしれません。

その学校で実践していた全校音楽の『学び合い』は、各学年を学年ごとにするのではなく、縦割りの混在グループにする特徴があります。詳しく言うと、次のように展開されています。

まず、各学年の子どもたちを均等に配分して小グループをいくつか作ります。一つのグループの中に、各学年の子どもたちが1人～数人ずつ入ります。

そして、その単位時間の授業の目標の達成をグループ全員に求めるのです。「○時○分まで、歩き回っても話し合ってもOKです。自分から行動して、困ったら助けてもらい、困っている人がいたら助けてあげて、全員が目標を達成できるようにしましょう。さあ、それでは始めましょう。」といった具合です。

一つのグループが縦割りになって構成されていますから、そのグループの中でも上学年の子どもたちが下学年の子どもたちに教えたり下学年の子どもたちが上学年の子どもたちに聞いたりすることが自由に行われます。

中学校と学区の小学校との間で、『学び合い』コミュニティが作られれば、中学校第1学年と小学校第6学年との間で、上に書いたような関係が成り立ちます。それが教科の授業でできるのですから、どうやったら小学校とあるいは中学校との接続を効果的に展開できるのかという悩みを解消させることができるきっかけをつかむことができるのです。

組織間の協働を
『学び合い』コミュニティでつなげよう

校内研修を推進する組織同士で協働しよう

　どの学校の校務分掌にも，校内研修を推進する業務を担当する部署が組織されます。その名称は，研究部であったり校内研修委員会であったり，その学校によりますが，1年間を通じてどのようなテーマに基づいてどのような研修を推進していくのかを企画し，校内研修を推進し，評価を促すところがあるものです。

　それをうまく活用することが，『学び合い』コミュニティづくりのコツの一つです。

　校内研修を推進する組織に注目することが大切なのは，校内研修の活動が子どもたちの変容を促す教科・領域の学習指導あるいは生活指導や生徒指導に着目して1年間の目標やテーマを設定して教育活動を推進することから，協働する学校同士で設定する目標やテーマを共有することが可能になるからです。

　また，学校同士をつなげる『学び合い』コミュニティを構築するために，新たに組織を作って新たなメンバーによって新しい協働母体を作る作業は少なからぬ負担を伴います。勤務校外との交渉に対して，新たに始める労力を費やすよりは，すでに組織されているものをうまく活用して充実発展させる方がより負担が少なく効率的に運用できる利点があります。

　学区内の隣の学校ないしは隣の学区の学校の校内研修推進組織同士で協働作業を始めましょう。同じ学級数の規模の学校同士での協働作業がより

よいものです。学級数の同じ規模の学校同士では，教育環境が似ていることが多く，校内研修として類似のテーマを設定することが多く見られるからです。異なったテーマでの校内研修が進んでいたとしても，協働作業によって相互に折り合いをつけることも，学校規模の異なる学校同士よりは容易に行うことができます。

中学校第1学年と小学校第6学年の学年組織間で協働しよう

もう一つは，中学校第1学年の学年組織と小学校第6学年の学年組織との協働です。それが『学び合い』コミュニティづくりのコツの一つとなります。

どの学校でも，毎年，年度末になると，小学校第6学年の子どもたちが中学校に入学するに当たって中1ギャップと呼ばれる課題の克服に向けて，相互に連携を強めるようにしています。

小学校第6学年の子どもたちから進学する中学校に来てもらって，1日体験入学と称して，中学校の生活の様子を紹介して少しでも不安や心配をなくしてもらおうという試みをしているのは，その一例です。中学校第3学年を担当する先生が中学校の様子を説明したりDVD等で見てもらったりします。条件が整えば，中学校の吹奏楽部や合唱部の子どもたちから日頃の活動の成果を実際に目の前で披露してもらう機会を持つこともあります。

『学び合い』コミュニティづくりを進める上で，小学生と中学生が一同に会すことのできるそのような場をうまく活用することを考えることも大切なことの一つです。

どのような場にすることができるのか，子どもたちにとってどのような内容がよりよいのかを協働して企画，運営することのできるコミュニティづくりが求められます。

コミュニティ・スクールの発想で
学校同士をつなげよう

各学校での共通した組織とカリキュラムや時間割の共通化がコツ

　学校が地域との連携を図ろうとする試みは，コミュニティ・スクール推進事業の普及が後押ししています。言わば，地域の住民がみんなで力を合わせて学校を支えていこうとする取組であると言っても過言ではないのかもしれません。

　長野県もその昔，地域がお金を出し合って学校を作ってきた歴史を持つ地域性があります。地域の意思によって学校が作られ，地域ぐるみで学校を支え運営しているような，地域が学校を核として学校教育を協働していた時代であったと言えます。つまり，地域が学校にアプローチして，協働する教育活動を推し進めていたと言えるのです。

　現在，推進されているコミュニティ・スクールは，それとは逆に，学校から地域にアプローチして，協働できる様々な活動を試みようとしているものとしてとらえることができます。その意味において，『学び合い』コミュニティづくりを進めようと意図したときに，比較的容易に取り組むことのできる事例として参考になるものです。

　三鷹市では，このコミュニティ・スクールと小・中一貫教育を組み合わせて，新しい義務教育の潮流として注目すべき実践を行っています[※1]。

　ここでの，にしみたか学園と呼ばれるコミュニティ・スクールを基盤とした小・中一貫教育の試みは，『学び合い』コミュニティづくりを進める上で参考になります。

三鷹市の実践の特徴の一つは、教育特区の申請をせずに、現行法の学習指導要領の下で、併設型や合築型とせずに現在存在する組織を有効に活用しながら、中学校区の小学校と中学校、小学校と小学校の協働した教育活動を展開しているところにあります。

　校長、保護者会、同窓会、中学校区住民、公募市民、教育委員会からの構成員で三つの部会を作って基本方針と学校運営、カリキュラム、地域住民の参画の仕方等を検討します。

　また、各校の主任が主任会を構成し、提案等の調整を図ります。各学校の校務分掌組織は共通性を持たせるために、「研究推進部」等の同じ名称の5つの組織に編成しています。

　カリキュラムもイベント的にならずに小・中の交流活動が促進されるように、各学校の共通する行事を優先して日程を組んだり時間割を合わせたりします。小・中相互乗り入れ授業や9年間を見通した英語授業等も行われています。

　このように、一つの中学校区において、校長はもちろんのこと、主任や各校務分掌組織が共通化していることによって、教師同士のつながりが強くなり、一体感が生まれます。そのことは、コミュニティづくりを容易にすることに直結することになります。

　一人も見捨てないことを目指す『学び合い』の考え方を一つの中学校区で共有することができ、また、その中学校区内の各学校において、先に述べたような組織編成を組み立てることができたとしたら、『学び合い』コミュニティを作る上で有効的に働くものと考えられます。

　したがって、学校同士の『学び合い』コミュニティづくりのコツは、校長同士が協働できる組織づくりはもちろんですが、事務レベルとなる主任同士による主任会、校務分掌組織の共通化、カリキュラムの共通化、時間割の共通化がポイントになると言えそうです。

【注】
※1　貝ノ瀬滋：「小・中一貫コミュニティ・スクールのつくりかた」、p.125、ポプラ社、2010より。

共通の組織の下で協働できる
『学び合い』コミュニティでつなげよう

各学校の校内研修を推進する組織に注目しましょう

　学校同士で作る『学び合い』コミュニティづくりのコツの一つは、コミュニティを構成する小学校と小学校、ないしは小学校と中学校の間で、共通の組織を作ることです。

　すでに存在する組織に加えて新たな業務となる新しい組織を作ることは相当な時間と労力を費やしますので、すでにある組織を作り替えたり有効に活性化させたりして協働できる再組織化を模索することが考えられます。

　一つには、各学校の校務分掌に組織される校内研究部や研究推進部に着目することです。教師には研修の義務が課せられていますから、毎年実施する研修の一環として、各学校で協働できる研修のあり方を検討することが比較的容易であるからです。

　これらは、各学校に必ず組織されているでしょうから、できればその名称を統一し、そこに所属しているメンバーが協働作業を進められるように工夫することです。

　協働して研修を推進する上で、『学び合い』に関して、目指す児童生徒像をどのようにするのか（20年後に成長した子どもたちをどのような成人として期待するのか）、どのようなテーマが共有できるのか、その過程の中に、一人も見捨てない『学び合い』の考え方をいかにしたら取り入れることが可能なのかを協働して企画、立案し、運用していくことを試みることができます。教科指導に限らず、学校教育におけるすべての教育活動

が対象となります。

教科指導を担当する組織に注目しましょう

　もう一つは，学習指導部と呼ばれるような学習指導を担当する教員で組織される分掌に着目することです。主任の下で，各教科を担当する教員が割り振られているはずです。

　『学び合い』の考え方は，授業を通してその成果がわかりやすく示されます。最初の試みとしては，教科・領域の授業を担当するメンバーによって授業改善の方途を協力しながら検討することが比較的容易にできるからです。

　隣同士の2つの小学校で『学び合い』コミュニティを形成する場合，一方の小学校の学習指導担当者ともう一方の小学校の学習指導担当者が集まって，協働することが可能となるわけです。

　月ごとに会場を双方の小学校とすれば，互いの環境を知る上では良いことでしょうし，協働の場に，子どもたちの様子のわかる資料，たとえば子どもたちの書いた感想文や子どもたちの授業の様子の撮影されたDVDなどがあれば，その効果はもっと高まります。

　また，同じ教科について両者による目標づくりの協働作業が進めば，それを各学校に持ち帰って他の教員に還元することもできます。小さな規模の学校ですと，各教科を担当する教員が複数いないこともあって，複数の学校がコミュニティを形成することによって，その課題が解消される可能性が高まります。

　これらの協働作業によって，一人一人の教師の心の負担が少しは軽減されるでしょうし，自分は一人ではないことを実感することもできます。特に，小さな規模の学校においては，それが顕著に現れることから，救われるのです。

共通のテーマの下で協働できる
『学び合い』コミュニティでつなげよう

『学び合い』コミュニティを進めるときの利点は？

　1年間を通して共通に取り組むことのできるテーマを共有して，そのテーマの達成に向けて協働することも，学校同士で形成する『学び合い』コミュニティづくりのコツの一つです。

　『学び合い』の考え方による授業は，教科・領域を問いませんし，教科の中でも単元や学年を問わずに実践することができます。つまり，どの教科でもどの学年のどの単元でも実践が可能な考え方に支えられています。したがって，『学び合い』の考え方による授業をテーマとして共有することができたとしたら，各学校でそれを踏まえて，どの教科どの学年でも教育研究を推進することができるというわけです。

　共通のテーマを共有して，その下でテーマの達成を図ろうとする『学び合い』コミュニティづくりを進めるときの利点がいくつか考えられます。

　一つは，協働して授業づくりを進めていくので，成果と課題が共有され，授業改善が進みます。協働による授業づくりは，誰か自分以外の人によって授業が構想され，実践され，評価されるような授業づくりとは異なります。準備された授業は，誰が実践しても同じように実践される授業となるだけに，授業づくりに主体的に関わることができる上に，構想された授業を自分が実践することを可能とするものですから，自分が実践しなかったとしてもその成果が自分に還元されることになります。他の教員の成果を自分の実践として授業改善に活用することができるところが利点です。

もう一つは，参加する教員の職能形成が促進されます。『学び合い』の目標をどのように作ったらよいかについて悩んでいたとしたら，『学び合い』コミュニティによって協働して目標づくりを進めることができることから，相互の職能を刺激し合うことになります。経験のある教師やアイディアのある教師，子どもたちの様態をきめ細かに把握する教師等の目標づくりを参考にしながら，自分の目標づくりを進めることができます。相互に職能形成が促進されるところが利点です。

　もう一つは，教師の負担感を充実感に変えることができます。特に，小規模の学校の教師にとっては，すべて自分でしなければならない負担感は想像以上に大きいものです。協働して企画，実践，評価することができるのですから，一人で抱え込まなくて良くなります。その状況は，一人一人の教師の負担感を軽減させることに，間違いなくつながっていきます。無駄が減り，効率的な企画，運営が可能になります。

　さらに，協働して行う授業づくりによって，子どもたちの変容を目の当たりにすることができ，一人のときよりも成果を上げることができるのですから，その充実感はひとしおです。

　もう一つは，教師の孤独感を集団における帰属感に変えることができます。それはやがて，他者や社会によって承認され，認識される自己の同一性や存在感につながっていくことになります。

　さらに，一人で悩み一人で困窮していた状況から抜け出すことができます。共通の目標を持ち，その目標達成に向けて協働して構想し，実践し，評価し合うのです。目標達成に向けて困ったことが出てきたら，同じく共通のテーマの下で目標に向かっている同僚に助けてもらうことができます。仲間意識が醸成され，一体感が生まれます。そこは，参加するメンバーにとって，居心地の良いコミュニティとなります。

子どもたち同士を
『学び合い』コミュニティでつなげよう

※ 協働して継続できるものを創り上げよう

　学校同士による『学び合い』コミュニティづくりを考えるにあたっては，学校規模や学校環境の異なる学校同士で『学び合い』コミュニティを形成することも一つの選択肢です。しかし，学校同士で『学び合い』コミュニティを作るには同じ中学校区の小学校同士ないしは同じ中学校区の中学校と学区内の小学校がポイントです。

　中学校入学後の見通しを持って，一人も見捨てない友人関係を構築していくことが可能になるので，精神的に安定した学校生活を送ることが期待できるからです。

　その際，『学び合い』の考え方によって，協働して教育活動を推進することができるようになればもっとよいでしょう。

　学区内の小学校と小学校が，ただ形式的に集まって自分たちの取組を紹介し合うような情報交換や演技披露だけに終わってしまわず，共通の取組として実践できることを協働して創り上げていく取組を試みることがコツです。中学校とその学区内の小学校との場合も同様です。

　たとえば，コミュニティや児童生徒会の共通スローガン，「一人も見捨てない児童生徒会にしよう」のようなものを作る試みも考えられます。具体的な目標として，「全員が，共通スローガンを作ることができる」とするのです。スローガンが決まったら，自分たちで手作りにすることもできます。

また,『学び合い』旗や『学び合い』歌,あるいは『学び合い』紹介リーフレット等を創っていくことも考えられます。学区内の安全通学路を協働して策定していくことも選択肢としてあげられます。協働して創るだけでなく,創り上げた後も協働して実践していくことのできるものを考えていくことがコツです。

『学び合い』の考え方で子どもたちがつながり合う

一方,『学び合い』の考え方による授業は,一緒に授業を行う集団内の全員が目標を達成することを求めますから,一人あるいは一つの学校の子どもたちだけができたとしても十分とは言えません。理解の早い子どもたちだけが目標を達成すればよいというものではありませんから,一人も見捨てられることなく困っている子どもたちがいたらみんなで助け合って目標達成を図ることを目指します。「みんな」が目標達成できることというのは,教師が思っている以上に大変なことなのです。

ですから,学校同士の『学び合い』コミュニティの下で,『学び合い』の考え方による授業をいくつかの学校同士が協働して授業実践してみると,そこに集まった子どもたち全員が目標達成できるまで子どもたちは関わり続け,助け合います。たとえ,初めて出会った子どもたち同士であったとしても,『学び合い』の考え方が一人も見捨てず,すべての子どもたちを救うのです。

学校同士の『学び合い』コミュニティにおける子どもたちは,自分の学校の子どもたちとも関わり合いますが,それにとどまってはいません。自分の学校以外の子どもたちとも目標達成に向けた関わり合いが活発に行われます。その結果として子どもたちがつながり合うことになります。

子どもたちを関わらせようとコミュニティづくりするのではなく,『学び合い』の考え方によるコミュニティづくりの結果として子どもたちが自分たち同士でつながり合っていく現象が自然発生的に現れるのです。

年に1回実践できる
『学び合い』コミュニティでつなげよう

ある中学校区における中学校と学区内の小学校との『学び合い』

　1年に1回，中学校とその中学校の学区内にある小学校とが協働して『学び合い』コミュニティを作ることができます。どの中学校にも，2月頃に，小学校第6学年の子どもたちの1日体験入学の場が用意されていると思いますが，それを利用するのです。

　小学校第6学年の子どもたちが初めて中学校の校舎を訪れて，中学校の生活の様子を中学校の教師から説明される機会です。折角の機会なので，それだけで終わらせることなく，その機会を利用して，小学校第6学年の子どもたちと中学校第1学年の子どもたちによる異学年の『学び合い』授業を企画，実践してみることをお薦めします。

　ただ，中学校の担当の先生から話を聞くだけでなく，実際に中学生，それも次年度から一つ上の先輩になる第1学年の子どもたちと一緒に『学び合い』の考え方による授業を実践してみる方がずっと意義あることであると考えます。

　徒歩で移動してくるのかバスをチャーターして移動してくるのかは中学校との距離によって異なるでしょうが，中学校に来ることは決まっているのですから，あとは会場と内容を調整すればよいだけです。会場は，中学校第1学年の子どもたちと小学校第6学年の子どもたちが一同に会すことのできる会場を確保します。複数のクラスがある場合は，いくつかの会場に分かれてもかまいません。

内容は、体験入学だからと言って取り立てて特別なメニューを用意する必要はありません。年間カリキュラム上、2月に実施している単元の本時をそのまま実施すればよいだけです。

　ある学校での『学び合い』コミュニティに行って、『学び合い』の考え方による授業が行われたときのことです。

　中学校の校舎の2階の広い集会室に人数分の机と椅子が用意され、そこに中学校第1学年の子どもたちと小学校第6学年の子どもたちが集まってきて、中学校第1学年の子どもたちは数学の授業が、小学校第6学年の子どもたちは算数の授業が行われることになりました。

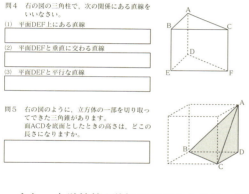

問4　右の図の三角柱で、次の関係にある直線をいいなさい。
(1) 平面DEF上にある直線
(2) 平面DEFと垂直に交わる直線
(3) 平面DEFと平行な直線

問5　右の図のように、立方体の一部を切り取ってできた三角錐があります。面ACDを底面としたときの高さは、どこの長さになりますか。

　中学校第1学年の子どもたちは、数学の単元「空間内の平面と直線」（全3時間）の第2時の内容で、本時の目標が「全員が、教科書の問4、問5、問6の問題を解くことができる。」です。

　左の図は、その中の問4と問5を表しています。

　また、小学校第6学年の子どもたちは、算数の単元「変わり方を調べよう　比例」（全7時間）の第5時の内容で、本時の目標は「全員が、次の2つを達成できる。・教科書44ページの1を解くことができる。・教科書の例を使って、比例の関係かどうかを判定した理由を、聞き手に納得してもらえるように自分の言葉で説明することができる。」です。

問題1　44ページの1の問題で、水そうに40cmまで水を入れるとすると、何分かかりますか。

水を入れる時間　□（分）	1	2	3	4	5	6
水の深さ　　　　○（cm）	5	10	15	20	25	30

（答え）　　　　　　　分

　上の図は、そのときの教科書44ページの1の問題を表しています。

実際の授業の様子は？

　『学び合い』の考え方による授業では，目標を示した後に，目標に向かう活動を子どもたちに任せます。それは，単独のクラスの『学び合い』であっても異学年による『学び合い』であっても変わりません。まったく同じことです。そのときも，目標が示されて授業者による「さあ，どうぞ」の後，すぐに，前の方に座っていた中1の子どもが教科書を開いて，該当のページのところの勉強を始めました。

　周りで参観していた現職の先生であろうと思われる人が近づいてきて，その子どもに向かって「（目標として示された教科書のページを指さしながら）ここ勉強したの？」「どこまで（授業で）勉強したの？」と聞いていました。さもありなん，です。授業者がまったく教えずに授業が展開し始めたので，おそらく，授業はどこまで進んでいるのか，何か打ち合わせがあって，今日やるところを事前に連絡されていて特別に予習してきたのではないか，と疑われて，実際に子どもに直接聞いてみると真実がわかるであろうと思って，聞いたのではないかと考えられる場面でした。

　その人によれば，何も教えていないのに，まして普段いない小学生がいる状況なので，目標と評価の観点，評価の方法，評価の時間だけを示しただけで，いきなり「さあ，どうぞ」と言っても子どもたちにはできないであろうし，意欲というのはそんなもんじゃなくてしっかり教材を準備して提示しなければ子どもたちの意欲は喚起できるはずがない，絶対に「予習をしっかりしてこい」等という事前の打ち合わせか何かあるはずだ，という確固たる考えがあってのことではないかと推察できます。従来の授業観を持っている教師や教材提示の重要性を主張される教師のとる行動としては，当たり前かもしれません。

　しかし，その子どもは前時までに授業でやったところ（目標として示したところの前のページ）を示して，今日の勉強は初めてだという趣旨のことを伝えていました。『学び合い』を知らない人にとっては，おそらく「あり得ない」ことでしょう。必ず，何か「トリック」があると疑っても不思

議ではありません。しかし，何もありません。有能な生徒たちの力によるものだけなのです。
　その他にも，次のような様子が現れます。

- ▶小学校第6学年の子どもが，中学校第1学年の子どもに対して，「こうじゃないの？」と教えている。小学校第6学年の子どもたちの中には，中学校第1学年の子どもたちに対して，「どう？　できた？」と聞いている子もいる。
- ▶第6学年の子どもたちも第1学年の子どもたちも男女関係なく，自分のわからなさをなんとかしようと自分から進んで行動を起こす姿が現れている。何度も説明してあげている姿があちこちにあった。
- ▶中学校の数学の教科担任の先生が「ミラクルです！」と言うほどの状況に，あっという間になった。また，数学の教科担任の先生は，普段の授業のときにはあり得ない学びの姿が現れたと言っていた。
- ▶どの子どもが算数や数学が苦手なのか，まったくわからないほど，全員が主体的に学んでいた。
- ▶わかるまで一生懸命やっている姿が見られ，「なるほど，そうか。わかった。」の声があちこちから聞こえた。苦手な子が満点を取っている逆転現象が見られたと，中学校の数学の教科担任の先生が言っていた。
- ▶参観していた保護者が，「来て良かった」と言っていた。
- ▶参加者から，「目から鱗だった」という言葉が多く出た。

　年に1回の機会を使った『学び合い』コミュニティでは，このような顕著な成果を上げることができます。同一校内における異学年の『学び合い』授業だけでなく，中学校とその学区内の小学校との年1回の異学年の『学び合い』も効果を上げることができるのです。
　中学校とその学区内の小学校との『学び合い』コミュニティは，特に，中学校の教師にとって進学してくる第6学年の子どもたちの実際の授業での生の様態を直接見ることができる点で利点が大きいと言えます。
　年にたった1回実践する『学び合い』コミュニティが，子どもたちのミラクルな変容を保障してくれます。

学期に1回実践できる
『学び合い』コミュニティでつなげよう

　　学期に1回の『学び合い』コミュニティで子どもが変わる

　学校によっては、交流学習と呼ばれる、異なった地域にある複数の小学校や中学校同士による学校間で連携した教育活動があります。相互に行き来しながら、お互いの学習成果を交換したりそれぞれの地域性を理解したりすることで、視野を広げて学習を深める教育活動です。バス等での移動が困難な場合は、テレビ会議等で実施する場合もあります。

　近年では、ポータル・サイトも開設され、ますます盛んになりつつあります。そこでは、交流体験、実践報告、協働制作等が行われます。また、教科での交流学習も試みられています。

　たとえば、小学校第3学年理科の単元「身近な自然の観察」においては各学校で調べた内容を発表し合いながら、自分の学校の地域の自然についての学びを深めたり、相手の学校の地域の自然についての学びへと広げたりする活動が行われます。それらの活動は学期に1回くらいの割合で実践されることが多く見られます。

　ただ、これまでの実践では、同じ目標やゴールに向かって一緒に取り組むというよりも、各学校の学級での学びを広げたり深めたりすることに貢献される交流となります。ともすると、自分の学びが中心となり一緒に学ぶ学校の子どもたちの学びまで思いが及ばないことになる心配もあります。

　『学び合い』の考え方による授業を取り入れて『学び合い』コミュニティづくりをする場合、コミュニティに集まる子どもたちが行う授業自体も、

一人も見捨てないことを目指して協働して目標達成に向かうことになりますから，同じ目標やゴールに向かって相互に助け合いながら学ぶ姿が現れます。

　ここでポイントとなるのは，あくまでも同じ中学校区にある小学校同士による『学び合い』コミュニティで，『学び合い』コミュニティに参加する学校同士が合同で『学び合い』の考え方による授業実践を試みることです。

　『学び合い』の考え方は，一人も見捨てないことを目指す取組ですから，いくつかの学校同士の子どもたちであったとしても，お互いに一人も見捨てずに目標達成に向かおうとして関わり合い，助け合います。それが，協働の学びを創出させます。

　小規模校で全校で『学び合い』コミュニティづくりができる場合，A小学校の第6学年の子どもたちがB小学校の第1学年や第2学年の子どもたちの所に行って「わからないところはない？」と聞いたり，A小学校の第3学年や第4学年の子どもたちがB小学校の第5学年の子どもたちの所に聞きに行ったりする姿が見られます。みんなで助け合って目標に向かうので，ありとあらゆる関わり合いが現れます。

　単に，お互いの学びの成果を発表したり実践してきたことを報告するものではなく，年間カリキュラムに則った通常の授業を一緒に受けるだけで子どもたちの変容をもたらすのですから，その効果は目を見張るものがあります。

　たとえば，1学期は隣の小学校から自分の小学校に来てもらって『学び合い』の考え方による合同授業を行い，2学期は今度は隣の小学校に出かけていって『学び合い』の考え方による合同授業を行います。そして，3学期には両方の小学校が進学する先の中学校に出かけていって，『学び合い』の考え方による合同授業を行うことができます。

　学期に1回実践する『学び合い』コミュニティが，子どもたちのミラクルな変容を保障してくれます。

月に1回実践できる
『学び合い』コミュニティでつなげよう

月に1回の『学び合い』コミュニティで子どもが変わる

　学校間で連携，協力した交流を月に1回試みようと考えると，A小（中）学校の教師とB（中）小学校の教師による相互乗り入れ授業を検討することが考えられます。あるいは，中学校の先生が学区内の小学校に出かけていって授業したり小学校の先生が中学校に行って授業したりすることもあります。

　しかし，ここで言う『学び合い』コミュニティづくりは，そうではありません。あくまでも子どもたち同士が一緒に，年間カリキュラムに位置付けられた通常の授業を通して学ぶ機会を持つことがコツです。

　初めて試みる場合には，4月から実施というのは難しいでしょうから，5月にA小学校のクラスがB小学校に異動して，集会室やオープン・スペース等で一緒に学び，6月には今度はB小学校のクラスがA小学校に行って同じように広い空間のあるところで一緒に学ぶことができます。

　毎月，交互に行ったり来たりすることも考えられますが，学期ごとのまとまりで検討することも可能です。1学期はA小学校のクラスがずっとB小学校に出かけていき，2学期にはB小学校がA小学校に出かけていくのです。会場の関係で，一方の学校にしか集まることができない場合は，その他の面で協働できるよう工夫することが大切です。

　バス1台に全校の子どもたちが乗って移動できる場合には，全校での合同『学び合い』の授業を『学び合い』コミュニティとして実施することが

可能です。多様な関わり合いが生じることによって多様な学びが現れることが，『学び合い』の考え方のよる効果の一つでもあります。

また，初めて『学び合い』コミュニティづくりを試みる場合には，同じ教科で実践することがポイントです。月に1回の実践となりますから，1年間算数・数学でやってみる等のように，できれば同じ教科で継続的に取り組んでいただく方が，子どもたちの変容も前時と比較することができて効果が期待できるからです。

1年をかけて，『学び合い』コミュニティに参加する学校の子どもたちみんなで合唱曲を歌い上げたり芸術作品を創り上げたりする活動を取り入れてもよいでしょう。

1年に1回よりも学期に1回，学期に1回よりも月に1回の『学び合い』コミュニティの方が，子どもたちの間の関わり合いが活発になり，相互に一人も見捨てない考え方が相乗的に高まります。

その結果，勉強が今まで以上にわかるようになって達成感を味わうことができて，勉強が楽しくなります。また，人間関係が良くなって，中1ギャップが解消されます。さらに，コミュニケーション能力や表現力，社会性が身に付きます。そして何より，多くの仲間たちと協働の学びができることによって自分が認められているという帰属感から安心感を持ち，生活態度の安定や学習意欲のさらなる向上をもたらすことにつながります。

毎月一緒に勉強できるのですから，小学校の子どもたちにとっては，「みんなと一緒に〇△中に行きたい」「中学校に行くのが不安だったけど，友だちが作れたので安心できる」と実感を持って言えるようになります。一方，中学校の子どもたちにしてみると，「一緒に勉強した小学生みんなと一緒に部活がしたい」「小学生たちが入ってくるのが楽しみ」となります。

月に1回実践する『学び合い』コミュニティが，子どもたちのミラクルな変容を保障してくれるのです。

週に1回実践できる
『学び合い』コミュニティでつなげよう

日常的な教育活動で週に1回の『学び合い』コミュニティを

　私が中学生だったときに学んだ校舎は、小学校の校舎とつながっていました。幼稚園も廊下一つでつながっていた学校園です。現在は、すでに移転していて当時の校舎はありませんので、遠い記憶の中に存在する思い出ですが、当時は室内で活動する部に所属していましたので、毎日のように小学校の体育館を借りて部活動を行っていました。

　小学校の体育館を借りて活動していましたので、小学生も顔を出しに来ることがよくありました。そんなときは、当時所属していた部活動の練習を小学生に教えてあげたり「中学生になったら、この部活に入ってね」と誘ったりしたものです。小学生と一緒の活動は日常的なものでした。当時は、それが当たり前だと思っていましたが、今となっては特別な環境にあったことがよくわかります。

　今考えれば、常に中学生が小学校の校舎に行ったり、小学生が中学校の校舎に来たりすることのできる環境が整っていることは、まさに『学び合い』コミュニティそのものであるとも言えるでしょう。

　毎日の部活動で、教師の意図しないところで関わり合いが活発に行われている上に、校舎が一つの廊下でつながっていたりしたら、教科・領域の教育活動を展開する、学校同士による『学び合い』コミュニティづくりには申し分ありません。

　日常的に年間カリキュラムに組み込まれている教育活動を、小学生と中

学生（幼稚園児も加わったら申し分ありません）が協働して取り組むことのできる環境が整うことが望ましいことです。それが，学校同士の『学び合い』コミュニティづくりの大切なコツです。

　現在，廊下一つで小学校と中学校がつながっている学校はほとんどないと思われますが，道路1本をはさんで向かい側に小学校や中学校があるような隣同士の小学校と中学校という立地条件なら十分に考えられます。そのような場合には，何と言っても，1週間に一度の『学び合い』コミュニティがお薦めです。

　週に1回実践する『学び合い』コミュニティづくりが実現すれば，月に1回の『学び合い』コミュニティよりも子どもたちのミラクルな劇的変容を保障してくれること間違いありません。

　学校同士の『学び合い』コミュニティづくりのポイントの一つとして，時間割の共通化があることはお伝えしたとおりです。少なくとも1時間目，3時間目そして5時間目の開始時刻はそろえることが可能でしょう。

　それに合わせて，たとえば，毎週金曜日の5時間目に中学校第1学年の生徒のみなさんが，道路向かいの小学校に移動して集会室や空き教室，ないしは体育館等を有効活用して協働して学ぶことが考えられます。小学校の児童のみなさんが中学校に移動することもできるでしょう。複数学年を対象としても，1単位時間だけでなく，終日活動してもよいでしょう。

　一般に，学校の教員組織は，通常，各学年部やその他校務分掌を異年齢で構成します。特定の年齢の人たちだけを集めて組織化することはありません。異年齢構成の方が効率的かつ生産的に業務を遂行することができることを私たちは経験的に知っているからです。また，児童会，生徒会，課外活動，そして地域の子供会等も異年齢での活動が定常化しています。子どもたちはその集団の中で，どのように立ち振る舞ったらよいのかを知らず知らずのうちに学んでいると言えます。それが，自然なのです。さらに言えば，時間割の調整さえ可能であれば，毎単位時間を協働で学ぶことがよりベターであることは言うまでもないことです。

幼稚園,保育園,小学校,中学校を
『学び合い』コミュニティでつなげよう

全校生徒17名の中学校での全校体育の実践を振り返ってみると

　私がかつて現職教員として勤めた2つめの学校は,奇しくも,小学校と中学校が廊下でつながっている,全校生徒17名の極小規模の中学校でした。その学校から歩いて数分の所には,その地域の保育所がありました。子どもたちは,保育所から中学校卒業まで単学級でそのまま進級,進学していきます。

　全校生徒が17名ですから,保健体育の授業ではバレーボール等の集団で実施する種目は単学年では不向きです。保健体育の授業は年間を通して全校生徒での,いわゆる全校体育です。

　当時は『学び合い』の考え方などありませんでしたが,今考えれば,知らず知らずのうちに,単位時間の目標を定めて生徒に提示して,最上学年である第3学年の生徒たちが率先して集団をまとめ,目標達成に向けて切磋琢磨していたことを思い出します。

　また,小学校の児童と中学校の生徒が一緒になって,現地の伝統的な郷土芸能を週に1回ずつ学んでいるカリキュラムが組み込まれていました。それは,小学校,中学校の区別なく,一貫して試みられている取組として継続していたものです。技能の習得の過程で,感性の伸長や郷土愛の育成にも多大の成果を上げており,全国的にも注目された取組でした。

　小学校のときも中学校進学後も,いちばん下学年の構成員から始まって上学年の立ち振る舞いを見ながら育ち,よりよい集団を目指して目標達成

に向けてみんなで助け合うことを学び，最終的にいちばん上学年の構成員となって諸処の教育活動において他をリードしていきます。

今から思うと，そこでは，まさにオランダのイエナ・プラン教育と酷似した形態であったと言っても過言ではありませんでした。

❀ 幼稚園，保育園，小学校，中学校を『学び合い』一貫教育で

先の例のような，一つの中学校区の中に，一つあるいはいくつかの幼稚園ないしは保育所，一つの小学校がある比較的小規模な中学校区の学校の場合，一貫教育のできる『学び合い』コミュニティづくりを進めることがお薦めです。集団の中で，初めてその集団に所属する立場から，集団をリードしていく立場までを必ず経験し，よりよい集団を形成していくノウハウを知り得ることができるからです。

『学び合い』の考え方は，それを享受した子どもたちが，成人して迎える20年後の未来の日本において，平和で民主的な社会を構築していくことのできる，一人も見捨てずに共生できる人を育てることを目指しています。

そのためには，心の中に生じるコンフリクト（自分以外の自然的，社会的な諸事象及びすべての人の思想や考え，文化との間の葛藤，衝突，対立）を和らげるために，一人も排除することなく，自分と異なる考えやニーズといかに折り合いをつけて現実的な解決策を考えて，意思決定して行動することができる術を修得することがポイントです。

それを意識しないでごく自然に当たり前のようにできるようにならなければなりません。成人してから学ぶのでは遅すぎます。年に1回や1か月に1回ほどの経験でも，修得した術を成人後に遺憾なく発揮することなどできようがありません。

日本人が幼小のときから一貫して箸を使い続けて，意識せずに箸を使いこなすことができるように，幼小のときから繰り返して一貫して『学び合い』の考え方によって学び続けることが肝要なのです。幼稚園ないしは保育所，小学校，中学校と一貫して『学び合い』の考え方によって学び続け

ることが，その実現を可能にします。そこに，『学び合い』の考え方による一貫教育の意義があります。

　幼稚園，保育所から小学校，中学校までを一貫して『学び合い』コミュニティとして過ごすことによって，意識せずに折り合いをつけてコンフリクトを和らげることができる術の修得を可能にし，20年後の一人も見捨てない共生社会を実現させる可能性を高めるのです。

一貫して『学び合い』の考え方を持つことが一人も見捨てない共生社会を創る

　それでは，幼稚園，保育所，小学校，中学校の『学び合い』コミュニティを具体的にどのように始めていったらよいのでしょうか？

　いちばん大切にしなければならないことは，幼稚園ないしは保育所から中学校まで一貫して，『学び合い』コミュニティとして『学び合い』の考え方を共有して学び続けることです。

　第1章でもお伝えしましたが，『学び合い』コミュニティは地域コミュニティですから，園児，児童，生徒が1度だけ集まってそれで終わりであっては，コミュニティとは言えません。年に1回であったとしても毎年継続していくとか，翌年度からは月に1回ずつに増やしていくとか，園児，児童，生徒のみなさんが帰属意識を持って，お互いに連帯ないしは相互扶助の意識を持ち続けられるようにすることが求められます。

　それには，次のような手順で進めることが望ましいでしょう。

(1)　第一に，同じ地域の同じ中学校区の中にある幼稚園の園長，保育所の所長，小学校及び中学校の校長等の管理職が『学び合い』の考え方を共有することです。あなたが，いずれかの長であったら，他の校種の管理職に対して，『学び合い』の考え方の目的を語ってみてください。あなたが，教諭等であったならば，勤務校園等の同僚ないしは他の校種の教諭等に呼びかけてみてください。一緒に管理職に語ることができます。それが，『学び合い』一貫教育を可能にする『学び合い』コミュニティの幕

開けです。

(2)　同じ地域の同じ中学校区の中にある保育所の保育士，幼稚園，小学校，中学校の教諭や講師のみなさんが『学び合い』の考え方を共有することです。その方法は，本書に書いたとおりです。そして，その地域の保護者や地域社会の共通理解を図ることです。できれば，ばらばらに語るよりは，一同に会してみんなで支え合いながら語ることのできる機会を持つことがよいでしょう。

(3)　『学び合い』コミュニティとして，園児，児童，生徒同士による協働の学びを創り出すことができるように，組織体制を共有化して整えることです。

(4)　効率的な教育活動の展開を可能にできるように時間割等を共有化することです。

(5)　子どもたちに対して，『学び合い』の考え方について語る機会を設けることです。これもできれば，ばらばらに語るよりは，一同に会してみんなで支え合いながら語ることのできる機会を持つことがよいでしょう。あるいは，中学生にみんなでみんながでる素晴らしさを語らせることも意義あることと思います。

(6)　幼稚園，保育所の園児と小学校の児童のみなさん同士，小学校の児童と中学校の生徒のみなさん同士，幼稚園，保育所，小学校，中学校のすべてのみなさん同士が，通常の年間カリキュラムの中での一環として協働して学ぶことのできる機会を設けることです。

(7)　(6)を定期的に継続することです。歩いて数分のところに幼稚園ないしは保育所，小学校，中学校があるのでしたら，なおさらのこと，できるだけ頻繁に継続的に，それも定期的に取り組むことをお薦めします。廊下でつながっている小学校と中学校ならば，毎朝タイムとか毎日5時間目とかウィークデイ放課後タイムとかのように，毎日一緒にできる環境が整えばなお一層よいことです。

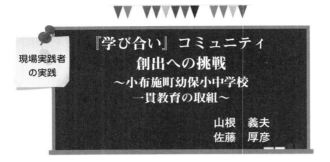

現場実践者
の実践

『学び合い』コミュニティ
創出への挑戦
～小布施町幼保小中学校
一貫教育の取組～

山根　義夫
佐藤　厚彦

小布施町をご存知ですか

　小布施町は長野県北部の長野盆地に位置し、須坂市・長野市・高山村に隣接し、西側に千曲川が流れ、美しい山容が連なる北信五岳や遠く日本アルプスも眺望できる人口約1万2千人の小さな町です。町の歴史は古く約1万年前の旧石器時代に始まり、江戸時代には、定期的な市がたち、北信濃の経済・文化の中心として栄えてきました。幕末には、葛飾北斎や小林一茶をはじめ多くの文人墨客が訪れ、地域文化に花を咲かせています。北斎館、おぶせミュージアム、日本のあかり博物館など多くの美術館・博物館があります。また降水量の少ない内陸性の気候等の風土は、味のよいリンゴや桃、ブドウ等の果物を産出しています。特に江戸時代に将軍家への献上品ともなった小布施栗は風味に優れ、栗菓子は日本の代表銘菓となっています。「北斎と栗の町」、「歴史と文化の町」として全国から注目される町となり、現在、花を介した人と人との交流を深め、豊かな生活文化を築く事業として130軒余のお宅によるオープンガーデンも始まり「花の町」小布施のコンセプトも加え、年間120万人の人が訪れる町となっています。将来に向けた「まちづくり」に強い意気込みを感じる町と言えます。

『学び合い』との出会い

　小布施町は今年，町制60周年を迎えるにあたり，「明日を創るのは私たち，今，小布施が動き出す」というキャッチフレーズを掲げています。このキ

ャッチフレーズには，先人たちの努力によって魅力あるまちづくりが進められた60年を振り返りつつ，10年，20年後の町の姿を見据えた新たな一歩を踏み出す1年としたいという全町民の願いが込められています。

　平成26年4月私は校長として小布施町立栗ガ丘小学校に赴任しました。一町一校の小学校であり，挨拶回りの中でどの方からも町の素晴らしさ，そして子どもたちへの思い・教育への期待をお聞きし，地域の方々のふるさと小布施に対する誇りと思いの深さ，そしてこの町を将来背負って立つ子どもを育てる学校・教育への大きな期待を痛感しました。中でも町長・教育長さんからは，「幼保小中一貫教育に向けて新たな一歩を踏み出してほしい」という言葉をいただき，「新たな一歩」という言葉が，私の頭の中を駆け巡り始めました。

　学校現場は課題が山積しています。「学力・体力の低下」，「いじめ・不登校をめぐる問題」，「特別に支援を要する子どもの増加」，「規範意識・人間関係の希薄化」，「家庭の教育力の低下」等々あげればきりがありません。また相次ぐ教員の不祥事，耳を疑いたくなるような非違行為の頻発，それにともなう学校・教師への無責任とも思えるバッシングの嵐。今，学校・教師・教育そのものが問われているのが現実です。

　「新たな一歩」をどう踏み出すか。4月着任早々から考え始めました。「幼保小中一貫教育」を推進していくことは決まっていましたが，その中核である授業づくりに何を据えるか。小布施中学校のS校長と何度も議論を重ね合いました。

　現場では学力向上・授業改善が叫ばれて久しいです。しかし私が最も危惧していることは，先生方や学校が安易にできる「教育方法」をあまりに追い求める姿です。ご承知のように今「〜法」，「〜式」といったものが溢れています。すぐに変化や成果を求められる先生方は，どうしてもそこに頼っていきがちです。まねごとはすぐできるからだと感じます。確かに少しは成果があがるかもしれません。しかし，しばらくするとまた自分の経験知で培った授業スタイル（失礼な言い方をすれば黒板の前で大声で叫ぶ授業）に戻っていきます。子どもたちを教えている，子どもたちは学んで

いるという錯覚に陥ってしまう姿となってしまうのです。

　私は，教育課題が山積する今だからこそ，もっと教育・学校・授業・教師のあり方を根本的に見つめ直す必要があるのではないかと常々考えていました。小布施中学校のS校長と議論を重ねる中で，出会ったのが『学び合い』です。S校長も多くの「～法」，「～式」を取り入れた学校の授業を参観し私と同じような疑問を感じていました。そして長野県内ですでに『学び合い』を実践されている学校も承知していました。私はS校長から初めて『学び合い』の考え方を聞き，もっと知りたいと思い，三崎隆著「『学び合い』入門」を取り寄せ一気に読破しました。私は「これだ」と確信しました。『学び合い』は言うまでもなく『一人も見捨てない』教育理念です。「子どもは有能であるという子ども観」，「一人一人がわかる環境を保障する授業観」，「学校はみんなでみんながでるようにする所という学校観」を教育理念に展開する授業であり，学校文化の創造です。学校文化は，地域文化を醸成していくこととなります。10年後，20年後，この小布施町が誰にとっても住みやすい共生社会になっているためには，この『学び合い』の考え方を幼保小中一貫して行っていくことが重要であると確信したのです。

　「明日を創るのは私たち，今，小布施が動き出す」その一歩として『学び合い』の導入をこうして決断しました。さっそく中学校のS校長とともに信州大学学術研究院　三崎隆教授に直接お会いし私たちの思いを話し，中心講師を依頼しました。三崎教授も快諾してくださいました。葉桜が美しく輝く4月末のことでした。

『学び合い』を中核に据えたグランドデザイン作成へ

　幼保小中一貫教育そして『学び合い』について，町内の1幼稚園2保育園そして1小中学校の全職員が共通理解を図ることがまず必要です。そこで『学び合い』を中核に据えたグランドデザインを中学校のS校長と共に作成しました（【資料1】参照）。町内の園長校長そして町教委が集まる園長校長会でまず共通理解を図りながら検討してもらい，また各園学校でも

【資料1】

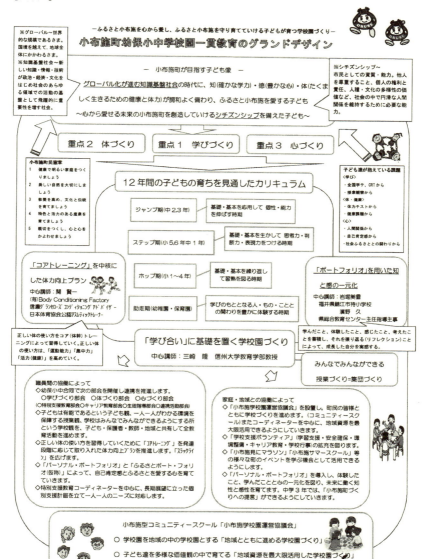

それぞれ検討してもらい，意見を集約し修正を図ることとしました。新しいことを取り入れるには，校長の強いリーダーシップも必要ですが，それだけでは当然だめです。特に，ベテランの多い教師集団は，新しいことへの抵抗感は相当なものです。いかにトップダウンとボトムアップを融合させていくか，そこが大きな鍵となるのです。

　小布施町には公募によって選ばれた方々による「小布施まちづくり委員会」が組織されています。まちづくりを住民自らの手で実行していくための組織であり，様々な部会が設けられ議論され町長に提言されています。教育については委員会内に「共育部会」として位置づけられており，5月に「コミュニティースクール導入のための提言書」が町長に提出される予定でした。詳しい内容は省略しますが，提言の趣旨は〈幼児期からの子どもの育ちを支える地域をつくり，『子育てするなら小布施町』を実現させます。そのために全町民が参加できる『地域とともにある学校づくり（まちづくり）』に向けた『小布施学校園コミュニティースクール委員会（学校運営協議会）』の導入を考える検討準備委員会を設置することを提言します〉というものです。多くの具体的内容が示されていますが，「幼保小中一貫教育」の推進についても提言されていました。地域住民によってこのような提言がされること自体驚きでしたが，ほぼ私が構想している内容と共通しているものがほとんどで，これから地域とともに進めていけるものと確信できました。

幼保小中学校の連携を深めるための組織づくり

　「小布施町幼保小中学校一貫教育グランドデザイン」については，様々な意見が出されましたが，一貫教育の考え方・目指す子ども像・『学び合い』に基礎を置く学校園づくり等，最も中核になることについてはほぼ職員の共通理解を得ることができました。グランドデザインは，共通理解をして取り組む指標となるものですが，実践を積み重ねながらさらに修正改善を図っていくべきと考えています。

　いよいよ具体的な取組が始まっていきます。それには，常に幼保小中学

校が情報交換し共通理解を図りながら進めていく必要があります。そこで「小布施町幼保小中一貫教育推進委員会」を組織しました。顧問に教育委員長・教育長，委員長副委員長に小中学校長・園長，三部会（学びづくり・体づくり・心づくり）の主任には教頭教務主任，それぞれの委員には，園小中学校よりミドルリーダー的存在の先生が2～3名ずつ入ることとしました。第1回小布施町幼保小中一貫教育推進委員会は6月初旬に開催され，あらためて委員長である私から一貫教育について『学び合い』に基礎を置く学校づくり等について話し，共通理解を深めました。またそれぞれの部会ごと今後の取組について計画を立案することができました。手さぐりでしたが，町内の園小中学校の代表職員で委員会が組織できたこと，共通理念に立てたことは，大きな意味がありました。

幼保小中学校の全職員が集まり『学び合い』の共通理解を

　小布施町には町職員会が組織され年1回総会が6月に開催されます。小中学校に勤務する全職員が集まる唯一の機会です。共通理解を図るには，絶好の機会と考えました。講師はもちろん信州大学学術研究院　三崎隆教授をお願いし，「『学び合い』の考え方による教室文化の醸成－あなたにもできる一人も見捨てない教育－」という演題でご講演いただきました。以下，参加者の感想です。

- 幼児期の子どもでも，クラスの中で教えてすぐわかる子，工夫して教えないとわからない子，教えてもわからない子がいる。幼児期の保育にも『学び合い』の考え方は必要と感じた。（幼稚園職員）
- 「一人も見捨てない教育」という言葉が印象的で，まさに今の教育現場で必要なことと感じた。（小学校職員）
- 常日頃自分が感じている内容だったので，とても興味深い内容だった。『学び合い』を実践していきたいと感じた。（小学校職員）
- 講演の内容は，大体理解できたが，授業がどのような感じになるのか，まだイメージとして持てない。（小中学校職員）

　『学び合い』について小布施町の幼保小中学校に勤務する全職員が直接

三崎先生のお話が聞け、共通理解を持てたことは大きな意義があったと言えます。「さっそく明日からやってみよう」という職員も多く見られ、手応えを感じる会となりました。同時に、実際に『学び合い』の授業を見た職員がほとんどおらず、話しでは理解はできても、具体的な授業イメージを持てないでいることもわかりました。三崎先生の出前授業を早急に位置づける必要を感じました。

三崎先生による出前授業を通しての研修会〈栗ガ丘小学校〉

7月15日待望の三崎先生をお招きしての出前授業、そして授業研究会を小学校で開催することができました。授業学級は2年1組と6年1組「できるだけ手のかかる先生方が苦労されているクラスで」という三崎先生の言葉もあり、苦労している担任二人が「ぜひ私のクラスで」ということでした。2年生では、事前の語り1時間と算数「学びを生かそう」1時間、6年生では事前の語り1時間と国語「漢字の形と音・意味」が行われました。当日は、幼保中学校の園長校長をはじめ職員も数名ではあるが参加することができました。

三崎先生の事前の語りは、子どもたちに大変わかりやすいと同時に『学び合い』の考え方を子どもとともに職員もあらためて確認できるものであり、職員にとって大事な研修となりました。三崎先生のひとつひとつの言葉に「絶対に一人も見捨てない」という強い意志を強く感じました。

さて授業ですが、2年生6年生ともに、本時の目標と評価基準の提示→手だての提示→子どもたちの追究→評価という流れで進められました。初めて『学び合い』の授業を行う子どもたちでしたが、自ら席を離れわからないことを聞

きにいく子ども、わからないで困っている仲間を見つけて助けにいく子どもが次から次に見られる授業となり、参観者一同驚きの展開でした。特に

6年生の授業では，なかなかできず困って泣いている男子児童に一生懸命寄り添う仲間の姿が生まれました。「みんなでみんなができる＝一人も見捨てない」という考え方そのものの姿が表れたことには驚きでした。また2年生の授業でも，なかなか理解できない男子児童（言葉は悪いが，いつも見捨てられがちな子どもかもしれない）に入れ替わり立ち代わり多くの子どもたちが話にくる姿があり，いつもの授業では，暗い顔になりがちなその男子児童も笑顔が見られていました。両クラスともに人間関係に課題のあるクラスだっただけに，『学び合い』の考え方による授業がこうも子どもたちの姿を変えていくものかを目前で見られたことは大きな収穫となりました。このような『学び合い』が幼保小中と一貫して展開されていけば，相互信頼観と相互承認観の文化を持った子どもたち，すなわち小布施町の目指す子ども像にある「シチズンシップを持った子ども」が間違いなく育っていくことを強く確信することができました。

　子どもたちにとっても，三崎先生の出前授業は印象的であったことは間違いないです。それは当日の6年生の日記からもうかがえます。

- 今日3，4時間めに信州大学の先生が来て，私たち6の1に国語を教えてくれました。いつもの国語の授業とは全然違ってとても面白かったです。学習問題は，クラス全員27人がみんな分かるように教え合うことでした。はじめにやった前の時間の復習はみんながわかったわけではないけど，本当の授業では，みんなで教え合ってみんな理解できていました。みんな理解できていたので授業をやっていてとても楽しかったです。
- 三崎隆先生に授業をしてもらいました。学校の勉強は「自分ができればいい」ではなく，まだできていない人がいたら助けて，まだできていなかったら助けてもらうこと『学び合い』が大切なんだと話してくれました。『学び合い』を使った国語では，自分が考えたことを友達に見てもらってサインをもらうと認められたような感じがしてうれしかったです。たくさんの先生が来て緊張したけど『学び合い』ができてよかったです。

　この子どもたちの感想からわかるように子どもたちは『学び合い』の考え方をすでに理解しています。たった2時間で，です。そして実際に『学

び合い』の授業を通して、相互信頼観と相互承認観の文化の価値を実感しているのです。まさに目から鱗、百聞は一見にしかずでした。

　担任は、子どもたちの日記の返事にこう記しています。

「これからも続けていきたいね。『みんな』が大切ですね。」

担任自身が子どもたちの変容を促した『学び合い』の必要性を、そして『学び合い』によって構築される「一人も見捨てない教室文化」の価値を強く感じたのです。

　授業後、学びづくり部会による授業研究会、そして本校職員による授業研究会が持たれました。学びづくり部会では、課題設定の重要性、評価の仕方、教師の関わり方等が話題となりました。特に、中学校からは、すべての授業で可能なのかどうか、高校入試もあり身につけさせたい内容の多さにどう対応していくか等が、今後の課題として出されました。本校職員による授業研究会は、最初小グループでの話し合い、全体会での話し合い、三崎先生のご指導という流れで進められましたが、どの先生方からも『学び合い』によって生まれた子どもたちの素晴らしい姿が紹介され、また実践していく上で疑問に感じること等熱心に討議がなされ、時間があっという間に過ぎていきました。先生方の『学び合い』をやろうとする高い意欲がひしひしと感じられました。三崎先生からも多くのご示唆をいただき充実したものとなりました。「出前授業」を実際に見て共通理解していくことの重要性をあらためて感じました。

　次の日、教頭先生と全校の教室を回ってみて驚くべき姿がありました。ほとんどの学級で、子どもたちが席を離れ、教え合う姿、聴きあう姿がありました。私自身、はたして先生方が『学び合い』の考え方を取り入れて実践に移してくれるだろうかと、大きな不安を

持っていたことは事実です。「先生方を信じる」そのことの大切さをあら

ためて教えてもらったような思いでした。『学び合い』の考え方は子どもだけではない。私たち学校という職場にも必要な考え方であると気づかされました。

三崎先生による出前授業を通しての研修会〈小布施中学校〉

　小布施中学校では10月16日に出前授業が行われました。以下，小布施中学校S校長に振り返っていただきました。

　6月に三崎先生から『学び合い』の講演をいただき，少しずつ実践に移してきたものの，栗ガ丘小学校での出前授業を参観した職員が全員ではなかったので，本校教師の中に温度差が生じていたことは否めない状況でした。そこで，校長として，共通の基盤で参観ができるよう事前資料を配布しました。配布資料では，「一人も見捨てない授業」，「みんなで，みんなが分かる授業」という基本理念，そして「子どもは有能である子ども観」，「一人一人がわかる環境を保障する授業観」，「学校はみんなでみんなができるようにする場所という学校観」の三つの考え方を再確認しました。また，出前授業で研修を行うにあたって，①『学び合い』の授業観を全職員で共有すること，②学習を子どもに任せたときの教師の出方や役割を明確にすることの二点を目標として職員に提示しました。

　当日は，栗ガ丘小学校の校長，教頭，教諭のみなさんはもちろんのこと，昨年度本校生徒の進学者数が最も多かった近隣のN高等学校の教諭2名，上越教育大学大学院に研修で行かれているH先生，そしてS市教育センターのF先生も参加されての研修会となりました。特に，F先生はI中学校の元校長先生で，『学び合い』を早々に学校に導入された先生でもあり，F先生のブログページを閲覧したことにより，三崎先生の『学び合い』を小布施町の幼保小中一貫教育における学びづくりに導入しようとするきっかけとなったという経緯もあり，生徒の様子を参観されて，これからの方向について貴重なご示唆をいただけたことはありがたいことでした。

出前授業は，1年生の英語，2年生の数学で実施していただきました。両クラスとも2時間を1セットとし，第1時は『学び合い』の学習方法について，説明を聞いたりジャンケンゲームで学び方を体験したりして，第2時でそれらを活かして実際の授業が行われました。

◎27名中26名が正解だった1年生（英語）の授業から

　1年生の英語は，挿絵を見て「I like（　）」の（　）の中に，himかherを入れて文章を完成させることができる」という目標設定の授業でした。「himとherはどのようなときに使ったらよいか」という確認をした後に，先生が用意された練習問題に取り組みました。第1時に「友達と話してよい」，「自分の席を立ってもよい」と説明を受けていた生徒は，最初こそ緊張のためか自席近くの友達としか対話をしませんでしたが，すぐに席を立ち多くの友達と，自分の考えを説明しながら確認し合う学習が活発に行われるようになりました。クラスの全生徒の理解が確実になってきたと思われたところで，何も見ないで誰にも聞かないで行う目標達成状況の確認問題に取り組みました。結果は，全27名中26名が正解で，一人の生徒が不正解となってしまいました。

　『学び合い』は生徒にとって初めての体験であり，1名ではあるが不正解者が出てしまったことに対して，生徒としても教師としても，その事実をどう受け止め，今後の実践に活かしていくかが課題として問いかけられるとともに，「みんなで，みんながわかる授業」，

「一人も見捨てない授業」の意味をわれわれ教師があらためて考えさせられた場面でもありました。翌日に書いた生徒の感想用紙には，1名の不正解者がいたことについて記した生徒は一人もいませんでしたが，その事実を教師が認識することから始めることも課題として感じています。

〈授業を受けた1年生の感想〉

S生（1年男子）「友達とコミュニケーションがとれてよかった。分からなかったとき，○○君が教えてくれた。友達に教えてもらうことは先生よりもうれしい。自分が分からない時，自分が困っている時に，近くの友達が教えてくれるという勉強の仕方がとてもよかった。周りの人が困っていたら教えてあげたい。」

N生（1年女子）「いつもの授業よりも楽しかったです。席を立ってはいけないということを無しにして，27人が全員正解という難しい課題が出て，自分の考え方も変わって一時間が早く終わらないようにと思いました。Him　男の人などの英語の問題も，いつもより理解が早かったです。色々な人と話せて，おもしろくて，英語も書けるようになりました。April　4月が，今思うとどうして書けたのだろうと不思議です。」

◎難題に挑戦した2年生数学の授業から

　2年生の数学は，難題への挑戦でした。一次関数のグラフ線が途中で水平になったり折れ曲がったりしているグラフから，道のり，速さの比較などを求める問題でした。みんなで助け合いながら問題に取り組む場面では，最初は一人で黙々と問題に挑戦し，ある程度自分の考えがまとまってきた段階で，近くの友達と意見交換や情報交換をするようになり，しだいに助け合いの輪が広がり始め，男女の別なく自席を立ち教え合う姿へと発展していきました。

　この学級には，明るく人懐こく，多くの級友から好かれ人気者ですが，勉強は嫌いで特に数学は大の苦手としているK生がいました。学習内容の難しさからか，K生は最初から机に伏した姿勢になり学習意欲を示しませんでした。しばらくすると，そんなK生の周りの友達が集まり始め，何とかK生が理解できるように手助けしようと，一生

懸命に教えている姿がありました。最終の確認問題では正解を出すことができませんでしたが，K生が一時でも理解しようと試みた事実から多くのことを学ばせていただきました。

　教師一人で30名近い生徒を対象に授業を行っても，一人一人に個別に指導ができる時間は限られています。ましてやK生に対して個別指導を行おうとすると，それだけで多くの時間を費やし他の生徒への個別指導の時間がとれなくなります。しかし，この授業では何人もの友達がK生に関わったり，他の生徒同士でも教え合ったりしたことで，多くの生徒が理解することができました。K生にとっても，何も理解せずに一時間中じっと自席に座っているよりも，友達に関わってもらい少しでも自ら思考した一時間のほうが，どれだけ有意義な時間となっていたかと考えます。

〈授業を受けた2年生の感想〉

> S生（2年男子）「数学の授業は，切片や傾きなどの用語だけを覚えればよいと思っていました。でも，そうではなくて，問題の解決やそこにたどり着くまでのプロセスを学ぶことが大切だということが昨日の授業でわかりました。しかも，それを全員でわかり合うということの大切さとその楽しさもわかって，とてもよい授業でした。」
>
> R生（2年女子）「普段の授業では「動いていいよ」などは言われないし，そもそもやってはいけないことだと思っていたので，席を離れてやるのに少し抵抗がありました。でも，わからない所を自由に聞いて回れるのは，新鮮でとても楽しかったです。あの問題は，今までちゃんと理解していなかったんだ……ということを実感させられました。でも，同じ班の2人や他の班の3人と理解できるまで教え合い……，教えてくれたのがうれしかったです。こんな授業好きです。」

◎熱心に研修を行なった模擬授業

　午後の研修会では三崎先生の研究室で大学院生として研修をされているH先生が教師役となる模擬授業をわれわれ職員が受ける形式で行われました。模擬授業でわれわれが課せられた目標設定は，次のような課題でした。

> 「9個のボールと天秤があります。9個のボールの中には1個だけ重さが違うボールが混じっています。外見はすべて同じで，重いのか軽いのかもわかりません。天秤を3回使って重さの違う1個のボールを重いか軽いかまで確実に見つけ出す方法を考えよう。」

　この課題を解決し，説明できるようになることが目標でした。一人で課題に挑戦している教師，すぐにあきらめて助けを求める教師，最初から複数で共同して解決しようとする教師など，まるで教室での生徒の様相さながらの授業風景の中で，何とか全員が解決できるように，熱心に意見交換をしたり教え合ったりして『学び合い』を体験しました。途中で教えてもらうことを嫌い，自力で解決しようと挑戦していたが，一人ではできないと判断し「わからない，教えて」と助けを求めたある教師は，「わからなければ聞くことは大切。でも，個のニーズに応じて助けてあげるほうがよいのではないか」と感想を語っていました。

　生徒の立場になった模擬授業の体験は，『学び合い』の手法をどのように取り入れていくのかについて，教師一人一人が考えるきっかけとなるものでした。最終的には，どの先生方も解決することができ「わかった」という達成感を味わうことができ，「みんなで，みんながわかる授業」，「一人も見捨てない授業」のよさを，自らの体験を通して肌で感じ取ることができた貴重な機会となりました。

校長講話で『学び合い』のよさを全校児童に語りかける

　夏休みが終わり2学期がスタートしたところで，職員だけでなく，全校

の児童が『学び合い』を意識してほしいと願い，校長講話で「学び合いをしよう」というテーマで以下のような話しをしました。

●●●●●●●●●●●●●●●●●●●●●●●

　二学期が始まって3週間がたちました。いいスタートは切れたでしょうか。今日は，「学び合いをしよう」というお話をします。毎日の授業や生活の中で大事にしてほしいことをお話します。
　1年生の算数のある時間です。こんな学習問題で授業が始まりました。「2＋5」の式になる問題を全員が作れるという学習問題です。みなさんは，問題が作れますか。1分間考えて作ってみてください。作れた人？　きっとすぐ作れると思います。あるお友達が，こんな問題を作りました。「2ひきのサルと3びきのゾウをたすとなんびきになるでしょう？」みなさんどうですか？　この問題を作った人は，「なんかおかしいなあ」と思って，お友達に「これでどう？」と聴きにいきました。みなさんは，この問題はどうですか？　この1年生の学級では，こんな学び合いがされました。ある友達は，「計算だからできるよ」。ある友達は「サルとサルならたせるけど，サルとゾウはたせないよ」。「サルとゾウたすとサルゾウになっちゃうよ。そんなの聴いたことないよ」。ずっと話し合いがされて，どうなったかというと，こうなりました。ある友達がこう提案しました。「こういう問題にかえればいいよ」。どういう問題かというと「2ひきのサルと3びきのゾウがいます。ぜんぶでどうぶつはなんひきいるでしょう？」。この提案にみんな納得しました。この1年生の学級が1時間で学べたことはどういうことか。ある友達が「2ひきのサルと3びきのゾウをたすとなんびきになるでしょう」という問題を作ってくれたおかげで，みんなで学び合いをしたおかげで，

　　・たし算というのは，同質のものでなければできないということ。同質というのは，サルならサル，ゾウならゾウということだよ。
　　・たし算というのは，集合のレベルによって違うということ，動物という

くくりならたせるということだよ。

　こういうことが学べたのです。「2ひきのサルと3びきのゾウをたすとなんびきになるでしょう」という問題は、問題としては、直さなきゃいけなかったのですが、みんなで学び合いをしたおかげで、たくさんのことが学べたのです。学校では、毎日授業があります。ぜひみんなには今のような『学び合い』をしてほしいと思います。それには、

- →「これでいい？」,「わかんない」,「おしえて」と伝えられるようにしよう！
- →困っている友達がいたら「いっしょにやろう」,「いっしょに考えよう」と声をかけよう！

　学び合いができるクラスは、「みんなでみんなができるクラス」になります。今年は、全校の学校づくりの合言葉として「伝えあおう　考えを」を掲げています。授業や生活の中で、ぜひ、自分の考えを、友達の考えを、どんどん伝えあってほしいと思います。それが『学び合い』ということです。

●●●●●●●●●●●●●●●●●●●●●●●●●●●

　当たり前ですが、校長講話は、1年生から6年生全員がいるので大変むずかしさがあります。校長講話の後、各クラスで担任が後付けしていただいたことと思いますが、後日、廊下ですれ違った子どもが「校長先生、学び合いしてるよ」という言葉をかけてくれました。うれしく思うと同時に全校の子どもたちが『学び合い』を合言葉にしていければと感じました。

　校長講話から数日後、研究主任から11月に全学年で『学び合い』の公開授業をする提案がなされました。各学年会で指導案をつくり、授業を公開し、互いに自主的に学び合おうという試みです。子どもも職員も「その気」になってきたことを強く感じました。

栗ガ丘小学校のこれからの構想

「幼保小中学校一貫教育の取組」はまだスタートしたばかりであり、まだまだやらなければならないことが山積しています。しかし本年度は「幼保小中学校一貫教育グランドデザイン」の作成により町内の全職員が共通の理解を図られたこと、その具現化に向け「小布施町幼保小中一貫教育推進委員会」が組織でき幼保小中の職員が協働して推進していくことが可能になったこと、一貫教育の中核である『学び合い』の考え方の理解が図られ実践されつつあること等新たな一歩は踏み出せたのではないかと思っています。この一歩をいかに二歩三歩としていくかがこれから問われていると思います。

本校では、来年度に向けての検討がまもなく始まろうとしています。それに先立ち校長として、来年度の構想（【資料2】参照）を提案しました。学校経営方針として、『一人も見捨てない』伸びゆく子どもの成長を扶ける教育活動の創出とし、学校生活の大半を占める授業の中で『学び合い』を中心とする授業を創出していくとしました。学び合いの考え方による一人も見捨てない教育そのものを経営方針として掲げたのです。そして教育課題として、『学び合い』の質を高めると位置づけ、重点として、児童の『学び合い』の質が高まるよう、教材の本質に迫る課題を提示し、児童の追究を支える手だての充実を図る。また教師の力量が高まるよう研修を計画的に実施することとしました。

さらに『学び合い』が授業・学校生活の中に位置づくよう全校の合言葉を「まなびあい　ひびきあい　みがきあい」としました。同時に全学級の共通の学び方として、

- ・わからないと言える
- ・一緒にやろうと言える
- ・友達の声に耳を傾ける
- ・納得するまで追求できる

を位置づけました。これから先生方と共にさらに検討を加えていきたいと

【資料2】

平成27年度　幼保小中一貫教育　栗ガ丘小学校の教育

―　小布施町が目指す子ども像　―
グローバル化が進む知識基盤社会の時代に、知（確かな学力）・徳（豊かな心）・体（たくましく生きるための健康と体力）が調和よく備わり、ふるさと小布施を愛する子ども
～心から愛せる未来の小布施町を創造していけるシチズンシップを備えた子ども～

―学校教育目標―
たくましい体と豊かな心を持ち、自ら学び伸びゆく子ども

―学校経営方針―
『一人も見捨てない教育～千手千眼』伸びゆく子どもの成長を扶ける教育活動の創出
学校生活の大半を占める授業の中で、※『学び合い』を中心とする授業を創出していく。

―平成27年度の教育課題と重点―
教育課題：『学び合い』の質を高める
重点

※『学び合い』＝「子どもは有能であるという子ども観」「一人一人がわかる環境を保障する授業観」「学校はみんなでみんなができるようにする所という学校観」を理念に展開する授業のこと

重点2　体づくり
正しい体の使い方を身につけるプログラムを継続的に行い、体力・健康づくりの習慣化を図る。体幹トレーニングの一環として『スラックライン』に親しめる機会をつくる。

重点1　学びづくり
児童の『学び合い』の質が高まるよう、教材の本質に迫る課題を提示し、児童の追究を支える手だての充実を図る。また教師の力量が高まるよう研修を計画的に実施する。

重点3　心づくり
全学級で『パーソナル・ポートフォリオ』を作成し、自己肯定感を高めていく。『ふるさと学習』を見直すと同時に、ふるさとポートフォリオの実践を積み重ねる。

―学校生活の基盤として位置付ける活動―
あいさつ：響きあう人間関係づくりの基本　　清掃：望ましい勤労観を育てるキャリア発達の基本

―全校の合言葉―
まなびあい　　ひびきあい　　みがきあい
―共通の学び方―
わからないと言える　　一緒にやろうと言える
友だちの声に耳を傾ける　納得するまで追求できる

教師のキャリアアップ

地域、外部との協働

体づくり部会
体育科・学級活動・養護教諭

学びづくり部会
○音楽科(教育課程)G
○特・生・総合(次年度教育課程)G
○学び合い推進(公開)G

心づくり部会を兼ねる

あいさつ・清掃部会
生活指導・清掃・児童会

就学相談の充実　　英語・道徳に関する情報収集　　コミュニティースクール開設準備

小布施に生きる誇り「全校　弾季舞」

考えています。

『学び合い』コミュニティの創出に向けて

幼保小中一貫教育を通した『学び合い』コミュニティ創出に向け，次のようなことを検討し計画していきたいと考えています。

---
(1) 幼保小中学校それぞれで『学び合い』の授業の実践を積み重ねること。
(2) 互いに授業を公開し合い，気楽に教師同士の意見交換ができるようにすること。
(3) 保護者参観，地域参観等を通じて『学び合い』の考え方を広めていくこと。
(4) 連携活動（幼保と小，小と中，幼保と中）の中で，『学び合い』ができないか試行すること。
(5) コミュニティースクール検討準備委員会の中で，『学び合い』の考え方の理解を促していき，まちづくりと同じであることの理解を促していくこと。

　まだまだやらなければならないことは多くあります。しかしあせらずじっくりと子どもと職員と保護者・地域の方々と向き合いながら進めたいと思っています。『学び合い』コミュニティの創出は，地域コミュニティの創出に他ならないと考えます。今から，そして10年後も，20年後も，相互信頼観と相互承認観の文化の中で，一人も見捨てられることのない共生社会の中で，居心地のいい生活がしていけるよう，シチズンシップを備えた子どもの育成に向けて全力で取り組みたいと思っています。

あとがき

　コミュニティは，その語源から考えると，すべての人が資源を共有できる場所です。参加するすべての人が『学び合い』の考え方という，一人も見捨てない共生社会を実現させることのできる理念となる貴重な資源を共有できる場所が，『学び合い』コミュニティであると言えます。

　その意味では，1回だけの活動で終わってしまう場所としてのものは，コミュニティには相応しいとは言えないでしょう。その場所が，参加する人たちにとって，いつも有用な資源を共有できて，居心地の良さを感じさせてくれるような，長期間にわたって存在し続ける場所や空間でなければなりません。

　現在，私は長野県内で運営されている，いくつかの教師同士の『学び合い』コミュニティに都合がつく限り参加しています。そこでは，毎回，実に心地よい雰囲気で，心安らぎます。それは，そこが，『学び合い』の考え方に基づく様々な資源を共有することができ，相互信頼観と相互承認観の文化を持ち合わせたコミュニティとして存在し続けていることに他ならないからです。

　それは，『学び合い』の考え方が一人も見捨てないことを大切にし，一人一人の有能な力を信じて，任せ，同僚として協働していくことを何より重視していることによります。

　あなたにもぜひ，『学び合い』の考え方を共通の資源として共有できる教師同士の『学び合い』コミュニティづくりを進めてほしいと願ってやみません。

私が中学3年生だったとき，当時はまだ『学び合い』の考え方などはありませんでしたが，同じ部活動の1年生，2年生の下級生たちと一緒に一人も見捨てずに分け隔てなく，活動することができたことは，今思えば，まさに『学び合い』の考え方に共通する点が多くあったのではないかと振り返ることができます。とても居心地が良く協働的な活動が展開していたものです。ときどき訪れる小学生とともに一緒に部活動ができたのも，そんなときです。

　年齢に関係なく，周りの人たちを信じ，周りの人たちから信じられ，認め認められる文化が構築されることによって，その集団における活動がより一層充実し，協働して行う成果が顕著に現れてくることに直結します。

　高校進学とともに，環境は大きく変わりました。二度と元に戻ることはありませんでした。集団を構成する人たちがどのような考え方を共有することができるのかによって，そのコミュニティのあり方が大きく影響を受けると言えるでしょう。

　あなたにはぜひ，『学び合い』の考え方を共通の資源として共有できる学校同士の『学び合い』コミュニティづくり，それも幼稚園，保育所，小学校，中学校，もっと言えば地域の高等学校をも含めた幼保小中高一貫の学校同士の『学び合い』コミュニティづくりを進めてほしいと願ってやみません。

　最後になりましたが，本書の出版に当たっては，北大路書房の薄木敏之氏に大変お世話になりました。心から感謝申し上げます。

2015年春
信州大学
三崎　隆

【編著者紹介】

三崎　隆（みさき・たかし）

1958年　新潟県生まれ。
2004年　学位取得：博士（学校教育学）
現　在　信州大学学術研究院教育学系教授　博士（学校教育学）
【連絡先】misaki@shinshu-u.ac.jp

〈主著・論文〉

　　『学び合い』入門—これで，分からない子が誰もいなくなる—　大学教育出版
　　　　2010年
　　『学び合い』スタートブック（共著）　学陽書房　2010年
　　はじめての人のための理科の授業づくり　大学教育出版　2011年
　　これだけは知っておきたい『学び合い』の基礎・基本　学事出版　2014年

◆現場実践者の実践　執筆者 ─────▶

　　古厩　一（元 生坂村立生坂中学校校長）………　第2章　現場実践者の実践
　　小松　幹（松本市教育委員会指導主事）………　第3章　現場実践者の実践
　　山根義夫（小布施町立栗ガ丘小学校校長）……　第4章　現場実践者の実践
　　佐藤厚彦（小布施町立小布施中学校校長）……　第4章　現場実践者の実践

教師のための『学び合い』コミュニティのつくり方
―教師同士・学校同士のつながりを高める実践―

2015年2月20日　初版第1刷印刷	定価はカバーに表示
2015年3月1日　初版第1刷発行	してあります。

編著者　三崎　隆
発行所　（株）北大路書房
〒603-8303　京都市北区紫野十二坊町12-8
電　話　(075) 431-0361 (代)
ＦＡＸ　(075) 431-9393
振　替　01050-4-2083

©2015　　　　　　　　　印刷／製本　モリモト印刷（株）
検印省略　落丁・乱丁はお取り替えいたします。
ISBN978-4-7628-2888-1　Printed in Japan

・ JCOPY 〈(社)出版社著作権管理機構　委託出版物〉
本書の無断複写は著作権法上での例外を除き禁じられています。
複写される場合は，そのつど事前に，(社)出版社著作権管理機構
（電話 03-3513-6969,FAX 03-3513-6979,e-mail info@jcopy.or.jp)
の許諾を得てください。